「あがり症営業マン」がラクに売るための6つの習慣

渡瀬 謙

同文舘出版

はじめに

あがり症の人の辛さは、その当人でないとなかなかわかるものではありません。

顔が赤くなり、全身から汗が吹き出し、手足が震え、そして頭の中が真っ白になって言葉が出なくなる。もちろん、自分自身でそれらをコントロールすることなどできません。見ている人には滑稽に映るかもしれませんが、当人は必死です。

いきなり、人前でそんなことになってしまったら？　しかも、大事な商談の席でお客様の前で、もしそんなことになったとしたら……。


とりわけ、営業職というのは、相手への印象がとても重要になります。印象が悪いと、契約がまとまらなくなることもあります。そうなると、自分にも会社にも、不利益を与えることにもなりかねません。それだけに、あがり症の営業マンの悩みは深刻です。

私も長い間、強度のあがり症で、子どもの頃から悩んできました。小学生の頃は、人に話しかけられただけで顔が赤くなり、まともに返事すらできないような子どもでした。あがってしまうような場には、なるべく近寄らないようにして、ひっそりと日々を送っている、とても内向的な性格でした。それは、大人になっても変わることはありませんでした。

就職して営業職に配属されてからも、客先であがってしまい、そそくさと帰ってしまうこともたびたびでした。プレゼンで、うまく話せた記憶もほとんどありません。

そんな私でしたが、あの営業の猛者たちが集まるリクルートでトップ営業になったり、人前でセミナーを開いたり、そして今では、数百人の前で何時間も１人で講演できるようになりました。

当時の自分からすると、本当に信じられないことです。

でも、それにはきちんとした理由があります。ある習慣を身につけたのです。

ここ数年、不況による就職難が続く中、しかたなく営業職に就く人が増えています。自分は営業向きではないけれど、仕事を得るためにはやむを得ないと思っている人たちです。

社内でも、技術職から営業職にまわされるケースもめだちます。そのため、とりわけ「あがり症」の人は苦労しているのが現状です。

そんな人たちに、どうしたらあがり症でも、ストレスなく売れるようになれるのか？　さらには、あがり症そのものを克服するにはどうしたらいいのか？

それらを、私の体験をベースにお話ししていきます。

あがり症を理由に、営業になるのをためらっている人にも、ぜひ読んでいただきたいと思います。

サイレントセールストレーナー　渡瀬　謙

「あがり症営業マン」がラクに売るための6つの習慣

CONTENTS

1章　あがってしまう自分のタイプを知れば恐くない

2章（習慣①準備）万全の準備をすれば客先で緊張しない

3章（習慣② 思考）ミスや失敗は売上アップの原動力になる

4章（習慣③　行動）相手と「打ち解ける」必勝パターンをつくろう

5章（習慣④ 言葉）大勢の前でも平常心でプレゼンできる方法

6章（習慣⑤　道具）モノを見せるだけであとは黙って待つ

7章 〈習慣⑥ 認知〉自分の本当の姿を自他ともに認める

終章 あがり症でも、楽に売れる営業マンをめざそう

カバーデザイン◉ムーブ
本文DTP◉エムツーデザイン

序章

あがり症の私が、なぜトップ営業になれたのか？

どうしても、あがってしまう自分が大嫌いだった

◉人前に出るだけで全身に大汗が……

小学生の頃、私はめだたない子どもでした。学校の休み時間になっても、友だちと大声を出して騒ぐこともせず、じっと机に向かってイスに座っていました。授業中でも、自分から手を挙げて発言などしたことがありません。できるだけ、人前に出ないようにしていたのです。その理由は、極度のあがり症だったからです。

私は、人に見られて何かをしようとすると、決まって緊張してしまいました。顔がカアッと熱くなって、全身から汗が吹き出てきます。自分でも、何を言っているのかわからなくなり、いたたまれなくなってその場を逃げ出したくなります。

この本を手に取ったあなたも、きっと似たような経験があるはずです。今度こそあがるまいと念じてみても、体は言うことを聞きません。とにかく、自分自身がコントロールできなくなってしまうのが、あがり症の辛いところなのです。

私が、高校生のときに生まれて初めて買ったLPレコードは、サイモンとガーファンクルの『グレイテスト・ヒッツ』でした。価格は2500円ほどでした。当時の高校1年生には、少し高めの買い物です。買うことは最初から決めていたのですが、店でいろいろなレコードを見るふりをしながら、時間をかけて選んでいました。

なぜかと言うと、それをレジに持っていく勇気がなかったからです。途中、何度も買うのをやめようかと思いました。でも、せっかく交通費をかけて繁華街まで来たのです。最後に精いっぱいの気合を入れて、それをレジのお姉さんに渡しました。

「これ、ください」（うつむきながら小声で）

そのとき、すでに私の全身からは大量の汗が吹き出ていました。季節は真冬で、ダウンジャケットを着てマフラーをしていた記憶があります。商品とお釣りを受け取ると、その場から逃げるようにして帰りました。そんな姿を店の店員さんに見られたくなかったのです。

ただ買い物をするだけで、しかも知らない人の前でも、このようにあがってしまうことがよくありました。初めてギターを買ったときもそうでした。何か新しいことをやろうとする場合でも、あがる症状が出てしまったのです。

◉女性とも、面と向かって話せない日々

私は高校2年生の頃、ネフローゼという腎臓の病気になって、ちょうど100日間入院したことがあります。病院のベッドで寝ていると、ときどき看護師さんが血圧や体温を測りにやってきます。その日も、何となくぼんやりと考えごとをしているときに、看護師さんが部屋に入ってきました。その人はとてもキレイな人で、そのときの考えごとというのは、彼女のことだったのです。

別に、イヤらしいことを想像していたわけではありませんが、私は気が動転してしまい、心臓はものすごい早さで動きはじめました。そしてそのまま血圧測定……。なぜか、動悸が早くなって大汗をかいている私を見て、すぐにドクターが呼ばれました。

「何でもありません……」とごまかしながら、よけいに顔が真っ赤になったことを、今でも鮮明に憶えています。何よりも、あこがれの女性の前で「失態」を演じてしまったことの恥ずかしさが、よけいに気持ちを萎縮させてしまいました。

それもあってか、私の高校生活は男女共学だったにもかかわらず、まったく女っ気のないものでした。もちろん、好きな女子はいましたが、それは単なるあこがれの存在です。その子に話しかけようとか、ましてや2人だけでデートしたいなどとは望みもしませんでした。

もし2人きりになってしまったら、何をしゃべっていいのかわからないし、何よりも、あがってしまってかっこ悪い姿をさらすことになるからです。そんな思いをするくらいなら、最初から好きな人に近づかないほうがいいという、いわば負の防衛本能が働いたのかもしれません。モテたい、などと考える以前の問題を抱えていたのです。

当時の私は、早く大人になりたいと思っていました。大人になって社会人になれば、自然に自分の性格も変って、あがることもなくなるだろう、と思っていたのです。

しかし、それは甘い考えでした。

社会人になっても、あがり症の体質は変わらない

◉ビジネスの場であがるのは大きなマイナス

私の、社会人としての第一歩は営業職でした。これを人に言うと、たいてい意外に思われます。営業のイメージとは正反対の性格の私が、なぜ営業職を選んだのか？

その理由は、とくにこれと言ってやりたいことがなかったからです。当時はバブルの真最中で、私のような人間でも就職口はありました。大学が商学部だったこともあって、まわりの人に流されて、たいていどこの企業でも募集している営業職を選んだというわけです。

もちろん、営業に向いているなどとは思っていませんでしたが、そのときはとりあえず就職を決めたいという気持ちだったのです。

そんな甘い考えで働きはじめた私に、早々に試練がやってきました。

新商品を知ってもらうために、代理店を集めて説明会を開くことになりました。商品はいくつかあったので、営業マンがそれぞれ担当を決めて、プレゼンテーションをすることになりました。

もちろん、有無を言わさず、私もプレゼンをさせられることになりました。言うまでもありませんが、大勢の人の前でしゃべるという経験は、それまでの私にはありませんでした。

ここで初めて、自分のあがり症と向き合うことになりました。今までは、人前であがってしまっても、その場で恥ずかしい思いをするだけでしたが、ビジネスの場では違います。

もし、プレゼンのときにあがってしまって説明がうまくできなかったら、私の恥というよりは、会社の恥になってしまうからです。そのうえ、会社に損失を与えてしまうかもしれません。普通の人にはそうでもないかもしれませんが、私にとっては人生最大のプレッシャーでした。食事が喉を通らなくなり、思い悩む毎日が続きました。

◉人生初のプレゼンで頭が真っ白に

そして、いよいよプレゼン当日。もう、どうでもいいから早く終わってほしい、という気持ちでいっぱいでした。とりあえず、ひととおりの商品説明を暗記して臨みました。しかし、それがそもそもの間違いだったのです。

人前で話をする経験がほとんどなかった私は、プレゼンテーションの意味がわかっていませんでした。単に、商品の説明を読み上げればいいという程度にしか考えていなかったのです。

さて、私の番がまわってきました。私は、緊張していることを隠しながら演壇に立ってマイクを握りしめます。みんなが私に注目しています。繰り返し練習してきたので、最初はうまく話しはじめることができました。ただ、かなりの早口になっていたようです。観客と目を合わせることもできず、ひたすら言葉を口から発するだけの作業でした。

ところが数分後（もしかしたら数秒後）、ふとした拍子に私は次のセリフをど忘れしてしまったのです。憶えていたつもりだったため、メモも持っていません。

「え〜と、え〜っと」

と、宙を見上げながら必死で思い出そうとしました。

ひとつのセリフでつっかえてしまうと、その先に進むことができません。

その瞬間、もう私はパニック状態に陥っていました。一気に汗が吹き出してくるのがわかりました。顔も、すでに赤くなりはじめていました。

沈黙の時間がどんどん過ぎ去っていきます。会場の脇を見ると、同僚たちが心配そうな顔でこちらを見ています。客席をチラッと見たとき、失笑しているお客様がいました。

さらに、頭が真っ白になりました。

実際には、ほんの短い時間だったのかもしれませんが、恐怖と恥ずかしさが永遠に続くように思われました。

その場を、どうやって切り抜けたのか、まったく憶えていません。それを、仲間に聞くことすらしませんでした。上司も何も言いません。気の毒すぎて、何も言えなかったのかもしれません。

いずれにしても、その〝事件〟はずっと長い間、私の心の奥底に封印されて、トラウマになりました。

子どもの頃から少しも変わらない自分自身。もう大人なんだから、自然に何とかなるだろう、と勝手に考えていたのですが、その考えは甘かったようです。

それから私は、プレゼンの場を全力で避けるようにしました。何とかしてうまくなろうと思うよりも、逃げる道を選んだのです。

そんな私でしたが、転職してリクルートに入ったとき、大きな変化が訪れました。

なぜか、あがり症のまま営業トップに

●超陽気な人たちに囲まれて

「どうして、私のようなタイプの人間がリクルートに入れたのか？」

これも、よく聞かれる質問です。

理由は、単に友人の紹介だったのですが、それ以前に、私はリクルートという会社をよく知りませんでした（知っていたら、面接には行かなかった）。

「元気がよさそうなところだから、少しは自分も変われるかも？」といった程度の、軽い気持ちだったのです。

ところが実際に入ってみると、そこはとんでもないところ（私にとって）でした。

小学校の、クラスの人気者を一同に集めたような、陽気で元気で、声が大きな人たちの集団だったのです。後から聞いてみると、そのほとんどが、かつて生徒会長や運動部の部長をしていたような人ばかりでした。まさに、私とは真逆の人種。一瞬にして後悔しました。

私は、会社を辞めようかとも思いましたが、でも逆に、こんな環境に身を置いたことは、今までなかったので、経験を高めるためにもとりあえずやってみようと思いました。

また、私は本当に営業に向いていないのか、ということをしっかりと確認したかったのです。もしここでダメだったら、もう営業はやめて、別の道を探そうと決めていました。

会社になじめなくても、やることさえやったら、つまり営業成績さえ上げることができればいい。そんな思いで仕事に向かいました。

ただ、やはり世間はそれほど甘くはありませんでした。まったく売れない日々が続きました。

最初の6ヶ月間は、ほぼ売上ゼロ。ふだんから物静かな私は、よりいっそうめだたない存在となって、影のようにひっそりとすごしていました。

正直、この頃が一番きつかったようです。同僚たちは、毎日元気に売上げを伸ばしています。天井からは垂れ幕がたくさん下がっていて、目標達成や大型受注のたびにクラッカーが鳴らされます。毎日がお祭りのようで、みんなイキイキとしていました。

そんな中で売れない私は、その喧騒を避けるようにそそくさと営業に出かけていきました。そして売れなくて帰ってくる。その繰り返しでした。

ところが、ある日を境に、どんどん売れるように変わっていったのです。

◉気がつけば、10ヶ月で全国トップに

自分でも信じられないことですが、そんな私が急に売れるようになったのです。

その理由については、本書の中でお話ししているので、ここでは書きません。

とにかく、6ヶ月を過ぎた頃から売れはじめ、10ヶ月目には、何と（社内の）営業達成率で全国トップになってしまったのです。

そのときの私は、素のおとなしい性格のままで営業に行っていました。

子どもの頃からめだつことを避けてきたため、勉強でもスポーツでも一番になったことはありませんでした。そんな私が、苦手で自分には向いてないと思っていた〝営業〟でトップになるなんて。しかも、営業の猛者たちが集まっていることで有名な会社で。

私は、別に特別な営業テクニックを使ったわけでもないし、努力して社交的になったわけでもありません。**むしろ、自分自身を変えようとがんばることをやめてから、急に売れはじめたのです。**

その後、私は営業を教える立場になりました。

自分自身の体験に基づいて、性格的に営業に不向きだと思われている人でも、コツさえつかめば売れる営業マンになれる、ということを伝える活動を、今もしています。

仕事柄、数百人の前で講演をするようにもなりました。あの、人前に立つことすらできなかった私からすると、とても信じられないことです。

もしあなたが、自分の性格を理由に売れないのだと思っているのだとしたら、それは間違いかもしれません。売れている営業マンを見ていると、必ずしも明るくて話し上手なタイプばかりではないからです。

むしろ、話しベタだったり人見知りだったり、すぐに顔が赤くなってしまうような、あがり症の人も少なくありません。

本書では、あがり症の人でも〝売れる営業マン〟になるためのポイントを、6つの習慣に分けて解説していきます。難しいことはひとつもありません。何せ、こんな私ですらできたことなのですから。

そして最終的には、あがり症を克服することと、営業の売上げを上げることとの両立をめざします。本書を読み終えた頃には、あなたは長年の悩みから解放されて、明日から売れる営業マンになるための第一歩を踏み出していることでしょう。

1章

あがってしまう
自分のタイプを知れば恐くない

そもそも、あがり症とは何か

◉あがり症は病気なのか

よく、一般的に言われる〝あがり症〟とは、そもそもどういうものなのでしょうか。

私も含めておそらくほとんどの人は、たしかな定義を知らずにそれを口にしていることと思います。あがり症は性格なのか、それとも病気の一種なのか？

そこでこの章では、まずあがり症とはどんなものなのか、ということを知っていただきたいと思います。営業でも何でも、対策を練るにはまず敵（相手）を知ることが重要だからです。

人と話をしていると、よくこんな話題になるときがあります。

「子どもの頃は、あがり症だったんですよ」

「そうなんですか。とても、そうは見えませんね」

「いえ、実は人前ではかなり緊張するタイプなんです」

とくに多いのは、見た目は明るくてよくしゃべる人なのに、以前はあがり症だったというケースです。そんな人が、あなたのまわりにもいないでしょうか？

私が今まで付き合ってきた人だけを見てみても、人前に出てもまったく緊張しないという人には出会ったことがありません。みなさん、口を揃えてこう言います。

「人前に出てしゃべるのは、いつでも緊張する」と。


人前に出て緊張するとき、その度合が強くなると、心臓の鼓動が激しくなって平静ではいられなくなります。そして、顔色が変化（赤くなるだけでなく、青くなる場合もある）したり、汗が出たり、手足の震え、吃音（言葉が出てこない）などの身体的な症状として出てくることを、一般的にはあがり症と言います。

ただ、あがり症についての明確な定義はありません。インターネットの百科事典である『ウィキペディア』にも、「あがり症」という項目はなく、「対人恐怖症」の中の一部として扱われています。

◉あがり症は日本人特有の症状か？

実は、あがり症というのは、とくに日本人に多い症状なのだそうです。

これは、子どもの頃から、集団行動からはみ出さないことがよしとされ、自分1人だけがめだつことよりも、まわりとの協調性を重んじる、わが国特有の文化も影響しているのでしょう。とくに、みんなの前に立って何かを発表するという経験は、学校教育の場ではあまり記憶にありません。スピーチの授業などもありませんでした。

それにもかかわらず、社会人になったとたん、人前で話をする機会が多くなります。会社に入ると、すぐに自己紹介や朝礼のあいさつなどを当たり前のようにさせられるし、役職が上がるにつれて、より大勢の人の前で話をせざるを得ない状況に置かれます。

会社の朝礼などでも、気のきいたあいさつができる人は一目置かれて、逆にうまくできないと軽んじられる傾向があります。

とくに営業職の人には、ある種のエンターテインメント性すら求められ、陽気で人を笑わせる才覚、いわば日本人の文化とは異質のものを要求されがちなのが現状です。

「営業なんだから、もっと面白いことを言えよ！」
「営業なんだから、芸のひとつくらいできるようにしておけ！」
「営業なんだから、盛り上げ役に徹しろよ！」

そもそも、気弱であがり症の人は、これらの要素を持ち合わせることなく成長してきています。もっと言うなら、むしろそのようなことを避けて通ってきたタイプと言っていいでしょう。

にもかかわらず、「営業」というだけで、ある種のレッテルを貼られてしまうのは、とても心外だし仕事もやりにくくなります。

私も、これにはずいぶんと悩まされてきました。

「営業なんだから……」、「もっと営業らしく……」、「これくらい、営業なら当たり前だろう……」

こんなセリフを、いつも浴びせられていました。

営業＝社交的という公式が当たり前、というのが世間一般の意見のようです。でも、実際にはそんなことはないのです。

あなたは、どんなときにあがりますか？

◉自分があがるタイミングを知る

誰も、あがりたくてあがる人はいません。逆に、あがろうとしても、なかなか自分ではコントロールできないものです。

「この場面では、絶対にあがりたくない！」と、思えば思うほどあがってしまうものです。むしろ、自分の意思とは逆へ逆へと向かってしまうのが、あがり症の特徴のひとつかもしれません。

コントロールができないのなら、せめて自分があがるタイミングくらいは知っておきたいものです。

ちなみに私の場合は、子どもだった頃は

・小学校の授業中、いきなり先生から指されたとき
・仲間と一緒にいるとき、何かの拍子で自分に注目が集まったとき
・気になる異性と2人きりになったとき

大人になってからは、
・朝礼で、何かを話さなければならなくなったとき
・大勢の前で説明を求められたとき
・飲み会の席で自己紹介をさせられるとき
などです。あなたはいかがでしょうか？

心の準備ができていないとき、急にこちらに話を振られると、もう自分ではどうしようもなくなります。また、事前に準備ができている場合でも、それはそれで緊張してあがってしまいます。

それも含めて、まずは自分の現状を把握することが大切です。過去にあがってしまったケースを思い出して、それを次ページに書き出してみてください。

恥ずかしい記憶だったとしても、誰に見せるわけでもないので、一度書き出してみて、自分自身の中に落とし込む作業をしてみるのです。

◇過去に、あなたがあがってしまったケース

・
・
・
・
・

◉「いいことを言わなければ」が自滅のパターン

私もかなり長い間、過去の思い出したくない記憶を封印してきました。しかし、それで問題が解決されるわけではありません。見ないフリをしながらも、頭の片隅にしっかりと存在しているからです。

それを一度、ひも解いて客観的に見てみる。まずは、ここからスタートしないと、いつまで経っても状況は変わらないままです。

さて、自分があがるパターンを眺めてみて、何か気がついたでしょうか？

私は、あるひとつの共通点を見つけました。

それは**「言葉」**です。

何らかの言葉を発しなければならない場面で、あがっているのです。それは、どんな言葉なのかをもっと掘り下げてみると、

・みんなの期待に応えたい
・「いいこと」を言いたい
・かっこいいと思われたい
・ダメなヤツだと思われたくない
・面白いヤツだと思われたい

どうやら、そんな気持ちが根底にあるようです。そのような気持ちが強ければ強いほど、ますますあがってしまい、結果として自分の思いとは逆の状態になってしまうのです。

営業の場合は、とくにお客様からよく思われたいという気持ちが強くなるため、よけいにあがりやすくなるのかもしれません。

あがったときの症状はどのタイプ？

◉あなたは、あがるとどうなってしまうのか？

私の場合は序章でもお話したとおり、あがると、まず一瞬で顔面がカアッと熱くなって赤面します。それと同時に、全身から汗が出はじめます。あがった状態が続くと、その汗は滝のようになって、顔からしたたり落ちるほどになります。

もうそこまでいくと、大事な商談やプレゼンの場であっても、すぐに逃げ出したい気持ちでいっぱいになります。相手が私を見る気の毒そうな表情も、ある種のプレッシャーと言えるでしょう。

あがる度合や個人差によっても、症状は違うようです。

私がふだん行なっているセミナーの中に、参加者にとってひときわ過酷なワークがあります。それは、みんなの前で営業の実践練習であるロールプレイング（ロープレ）を行なう、というものです。しかも、その際にはビデオカメラがまわっていて、トークのやり取りを撮影するのです。

ロープレをやったことのある人ならわかると思いますが、これはあがり症の人にとっては、かなり酷な練習と言えます。みんなの前でさらし者になる感じで、しかもカメラまでまわっているとなると、とても平静な気分ではいられません。

参加者の中には、言葉がうまく出てこない人や同じ言葉を繰り返してしまう人、逆に一方的にしゃべりまくる人もいます。また、手がブルブルと震えて止まらない人や顔色が悪くなってしまうケースもありました。それは、見ていて気の毒になるほどです。

もちろん、わざと恥をかかせようとしているわけではありません。このワークの意図としては、緊張したら自分はどうなってしまうのか、を自分自身が知っておくことも重要だと考えてのことです。

いずれにしても、人によって、あがりの症状はまちまちです。あがってしまうと、自分はどうなるのか？　それを把握しておくことも、あがり対策を練るうえでは重要なことなのです。

◉あがり症には、こんな症状がある

人前で緊張するだけですむのなら、社会生活にそれほどの支障は出ません。しかし、身体的な変化が出て、それが仕事や人づき合いに影響が出てくると厄介です。
ここであらためて、一般的なあがり症の症状を見てみましょう。

・**赤面**　顔が赤くなること。赤面症とも言います。あがるときの典型的な症状で、相手にわかってしまうのはもちろん、自分でも赤くなっているのがわかります。そうなると、それが恥ずかしくなって、さらにまたあがってしまうという悪循環に陥ることが少なくありません。
また、人からほめられたり、照れたりするときも赤くなります。

・**発汗**　汗が出ること。過度の緊張により、心拍数や体温、血圧などが上がることで、心臓の鼓動が早くなって、体温が上昇することにより起こります。体にかく汗は服で見えづらいのですが、顔の汗はすぐにわかってしまいます。暑くもないのに、自分だけが大汗をかいている姿は、人には見られたくないものです。それを見られると、またよけいにあがってしまいます。

・**手足の震え**　自律神経である交感神経の動きが活発になることで、手足などの器官にも震えなどの異常が起こります。震える手を止めようと思っても、自分の意思では止めることはできません。それを人に見られる恥ずかしさもまた、あがりの症状を増幅させます。

・言語への影響　ふだんのしゃべりができなくなります。吃音が出たり、早口になったり、言おうとしていた言葉が出てこなくて、よけいにあせってしまうケースもあります。また、声のトーンに変化が出るなど、相手に違和感を与えることになり、それがまたプレッシャーとして重くのしかかってきます。

・思考への影響　いわゆる、頭の中が真っ白になる状態です。冷静さを失い、論理的な思考や判断ができにくくなります。パニック状態とも言います。人前でこうなってしまうと、なかなか自分を取り戻すことはできません。

自分があがるときのパターンを、もう一度よく確認しておきましょう。

◉自分を冷静に調査してみる

子どもの頃からのコンプレックスというのは、どうしても隠しておきたいものです。とくに、人に言えないような部分は、自分の心の奥底にしまって忘れ去りたいという気持ちになります。私自身もずっとそうでした。

ただ、そうして長い間見ないフリをしてきたとしても、やはり気持ちのどこかに引っかかっているものです。

あるとき私は、その引っかかっている部分を思い切って外に出してみることにしました。自分の強みや特徴がどこにあるのかを知るために、専門家に聞いてみたのです。そのインタビューを通して、私の過去の触れたくなかった部分を話すことになりました。

その結果、嫌な気持ちになるかと思いきや、むしろ逆で、スッキリしたのです。これには、私も意外でした。

今まで、人に言えなくて溜まっていたものを吐き出すことができた開放感と、それをしっかりと受け入れてくれた、その専門家のおかげです。

そこで初めて私は、自分自身を正面から冷静に見ることができました。自分の性格や特徴、好きなことと嫌いなこと、苦手なことなども見えてきました。

そしてわかったのは、**苦手なことをがんばろうとして苦しんでいたケースが、今までとても多かった、**ということです。

大勢の人の中にいることが苦手なのに、がんばって人の輪の中にいようとしたり、ムリに明るくふるまおうとしていたのです。もっと言うと、「これは、苦手じゃないんだ」と、自分に言い聞かせながら、自分自身を押し殺していたのです。

自分が、あがり症だということを他人に悟られまいと、一所懸命に隠してきた自分。ところが、まったく隠しきれていなかったという現実。

それを客観的に知り、そして認めることができたとき、ようやく長年の悩みから開放されることができました。そしてそのことは、実は営業の成績にも大きく影響してくるのです。

◉これが、あなたの最低ライン

自分自身があがり症であることを隠しながら、あがり症を克服しようと思っても、それは無理だと思ってください。

そして、**本当の自分を隠しながらできるほど営業は甘くない、**ということです。とくに現在は、単に商品説明だけがうまいだけでは売れない時代です。しっかりとお客様との信頼関係を結ぶことが、売れる営業になるための最重要ポイントになっているのです。

お客様は、日々いろいろな営業マンと接している、言わば営業を見るプロです。

そのプロを相手に、自分をごまかしてよく見せようとしても、すぐに見透かされてしまいます。お客様は口には出しませんが、実はもう知っているのです。**あなたが、あがり症だということを。**

そこで、あなたが過去にあがってしまって一番辛かったことを書き出してみましょう。

◇あなたが、過去にあがってしまって一番辛かったことは？

どんな場面だったか？	どんな症状だったか？

いかがでしょうか。恥ずかしい過去でも、ここは勇気を持って書き出してみましょう。書くことで、あなたの心の中にひとつの基準ができます。すると、あがりそうな場面に出くわしたとしても、その最低ラインの基準と照らし合わせることで、「今回は、あのときほどはあがらなくてすみそうだ」などと想定ができるようになっていきます。それ以上は悪くならないという、安心感が生まれるのです。

まずは、自分自身をきちんと知ることが大切です。私もそうですが、とくに精神的に弱い部分を持っている人ほど、その弱さについて見ないふりをしがちです。しかし、結局それは、自分を偽っているということであり、相手にも偽りの自分を見せていることになるのです。言わば、仮面をかぶって営業に行っているようなものです。

それでは、お客様も心を開いてくれることはなく、いつまでたっても、うわべだけの付き合いになってしまうのは明らかです。

少しずつでもかまわないので、〝素の自分自身〟を見つめるクセをつけていくことが大切です。

「根本」ではなく、「対処」することを考える

◉あがり症の克服が先か、売上げが先か?

私が、セミナーの受講者などによく聞く質問があります。

あがり症を克服するのが先か、それとも営業での成績を上げることを優先したいのか?

というものです

するとたいていは、その両方と答えます。それでも、強いてどちらかを選んでもらうと、しばらく考えた後、決まって「営業成績」という返事が返ってきます。

これは、かつての私も同じで、どちらも悩んでいたのですがよくよく考えてみると、「あがり症だから営業成績が上がらない」と思い込んでいたようです。まあ、ある程度は正解かもしれませんが、あがり症克服＝営業成績アップと、単純に言えるものではありません。

それにもっと言うと、あがり症が治ったとしても仕事ができるようになるとは限らないのですが、**営業成績を上げることができれば、仕事への不安もなくなるし、給与も上がっていきます。**もちろん、上司やまわりの人からの評価も変わってきます。

ですから、**営業の場面でどんなにあがってしまおうが、成績が上がるのなら、まずはそこをめざすのが本道なのです。**

◉売れない営業は、孤独で辛い

序章でもお話ししましたが、私は会社で売れない時期と売れる時期の両方を味わってきました。営業職として就職して給与をもらう身としては、「売れない」という状態は、与えられた仕事ができていない、ということです。ある程度は期待されて、面接で合格になったのに、その期待にまったく応えられていない状態は、精神的にもキツイものがあります。

とくに営業というのは、成果が数値となって出てくるため、その優劣は誰が見ても明らかです。成績が振るわなければ、上司はもちろん、同僚やスタッフ、アルバイトに来ている学生に至るまで、自分の営業マンとしてのダメぶりが知られてしまいます。

〝売れない〟という自己嫌悪感に加えて、まわりのとがめるような目や哀れむ表情が心に刺さります。そうなると、もう職場自体が、自分にとって居心地の悪い場所となり、とりあえず逃げるように外出するようになっていきます。

しかし、行くあても計画もなく外に出ても、結局どこかでサボって時間を潰すだけです。そんな、思い出したくもない日々を、私自身もずいぶん過ごしてきました。

もちろん、自分自身の性格が足を引っ張っているのだと思っていましたが、その性格をゼロから変えて、なおかつ営業成績を上げていくためにはどれほどの時間がかかるのか。まったく、気が遠くなるようでした。

そこで私が思ったのは、とにかく**「早く売れる営業マンになりたい」**ということでした。結果を残さないと、会社にはいられない。それでは、生活ができなくなります。

そのためには、もうあがり症や口ベタなどを治しているヒマはありません。どうすれば、「売れる営業マン」になれるかということに集中したのです。

◉欠点と「付き合う」という意識が自分自身を変えた

もう開き直るしかなかった私は、自分の欠点であるあがり症を、**「治す」という意識から「付き合う」というように変えました。**「あがり症も含めて、自分自身なのだ」と思い込むようにしたのです。

そうして客先に行くようになってから、私の営業成績は伸びはじめました。入社して6ヶ月間売上げがゼロだったにもかかわらず、10ヶ月目には全国トップになっていました。

するとと、社内での居心地が好転しはじめました。もちろん、性格的には目立つことは苦手でしたが、それでもやはり気持ちのいいものです。営業成績が上がると、こんなにもまわりの態度が変わるものか、と実感しました。


そして、同時に不思議なことが起こったのです。

今まで、あんなに自分の性格にコンプレックスを持っていたはずなのに、それがあまり気にならなくなっていました。いつしか自分から、**「私は極度のあがり症です」**と、平気で言えるようになったのです。

現在、私は大勢の前で講演をすることが増えましたが、まったくあがりません。

自分でも信じられないことですが、本当にあがらなくなったのです。


さて、いよいよ次章から本編に入ります。私が売れる営業マンになれた理由。そして、人前でもあがらなくなった理由をぜひ知っていただきたいと思います。

1章 まとめ

◎あがってしまう自分を知ろう！⇩自分を客観的に見るクセをつける
◎あがり症は、日本人に多い症状である⇩自分だけではなく、まわりにも多い
◎自分がどんなときにあがるのかを知る⇩人前で言葉を発する場面であがることが多い
◎過去に最悪にあがってしまった経験を最低ラインとする⇩それ以上は悪くならないという安心感が生まれる
◎欠点を治すのではなく、付き合うという意識が大切⇩営業成績を伸ばすことだけに集中する

2章

（習慣①準備）万全の準備をすれば客先で緊張しない

できれば、少しでもあがりを回避しよう

◉あがる場面にならないための習慣

営業先であがってしまって、商談がうまくいかなかった。そんな経験が一度でもあると、どうしてもまず「あがり症」から克服したいと思います。あがらなければ、もっとうまく営業できるのに、というわけです。もちろん、それもひとつの方法なので否定はしません。

ただ、最終的に営業成績も上げたいということなら、とりあえず「あがり症」はそのままにしておいて、１日も早く売れる営業マンになることを優先するべきです。前章でもお話ししましたが、結局は、それがあがり症克服の近道にもなるからです。

せっかく苦労してアポが取れたのに、いざ営業に行ったとき、あがってしまって商談がボロボロになってしまったのではもったいないからです。

というわけで、まずはあがり症を治すのではなく、営業に行ったとき、できるだけあがらないようにする工夫をしましょう。

前章では、あなたのあがりがちな場面やその症状について、自分自身を客観的に知るとい

う作業を行ないました。

ですから、こんなときに自分はあがりやすい、ということが、ある程度はイメージできているると思います。

そこで本章では、適切な**「準備」**をすることで、少しでも客先であがることを回避するための習慣をご紹介します。

もちろん、これはあがりの回避だけでなく、お客様からの信頼度を上げて営業成果につなげる方法でもあります。どれも、難しいものはありません。こんなあがり症で内気、口ベタな私にもできたことなので、誰でもすぐにでも習慣化できるものばかりです。

それでは、順番に見ていくことにしましょう。

絶対に「遅刻しない」ためにすべきこと

◉予定外の出来事があがりを生む

私があがってしまうケースのダントツ1位は、「予定外のことが起こったとき」です。人から急に話を振られたり、突発的な事件が起こったときなど、その場で対応しなければならないが、いったいどうしたらいいのかわからない、というときです。頭の中がパニックになって、言葉もしどろもどろになる。そうなると、やはりあがってしまいます。

電車が遅れたり、道路が渋滞しているなどの理由で、お客様との約束の時間に遅れてしまうこともたまにあります。もちろん自分の責任ではないので、ある程度は仕方がないことなのですが、それでも遅刻は遅刻です。相手に迷惑をかけることに、変わりはありません。

理由はどうあれ、1分でも遅刻をしてしまうと、私の場合はとくに冷静さを欠いてしまいます。

「すみません。遅れてしまって……」

「いやいや、大丈夫ですよ」

「本当にすみません、お忙しいところを……」

「他の仕事をしていたので問題ありません」

「そうですか。以後気をつけますので……」

「本当に気にしていませんから」


申し訳ない気持ちでいっぱいになり、何度も何度も謝ってしまいます。相手も、あまりしつこく謝られるので、ちょっと引いてしまったりします。

それに何よりも、会って最初の会話が「謝る」ことになってしまうため、どうしてもこちらの立場がマイナス状態からのスタートになります。気持ちも落ち込んでいるため、前向きな提案もうまくできません。マイナスからプラスに転じるのは、性格的にもとても難しい作業なのです。


私の経験的からしても、遅刻をして商談がうまくいったという記憶はありません。何とか遅刻をしないようにと心がけていても、交通事情などの不可抗力でやむを得ない場合もあります。これればかりは、事前に想定しておくことができません。

そこで、遅刻を回避する方法はないかと考えました。

◉予定の30分前に到着すること

いろいろと考えた末、私が出した結論はこれです。

予定の30分前に、待ち合わせ場所に到着するように行動すること。

すると、電車が遅れたり止まってしまったときでも、別のルートで行くことができます。道に迷って、多少時間がかかったとしても、たいていは間に合います。これで、ほぼ遅刻をすることはなくなりました。

もちろん、その分だけ移動時間が多くかかることになります。30分早く出かけなければならないため、それまで他の仕事にかけていた時間が短縮されてしまいます。また、早く着きすぎてしまって時間を潰さなければならないときもあります。

早く行くことには、メリットとデメリットがありますが、あがり症の私にとっては、メリットのほうが大きいと判断しました。それは、主に精神的な理由です。

遅刻をしてしまうと、それだけで平静でいられなくなりますが、ギリギリで間に合ったとしても、やはり精神的に不安定になりがちな場合があります。

たとえば、交通機関に遅れが出たときなどは、電車に乗りながらも気持ちはハラハラしています。少しでも道がわからなくなったりするともうドキドキしてしまって、うまく時間内に着いたとしても、その心の揺れはすぐには治まりません。その結果、落ち着いて商談に臨むことができなくなるのです。

一方、早く行くことにすると、「間に合わないのではないか?」という不安がなくなります。どんなに小さな不安材料でも、消せるものは消していくことがポイントです。

たとえ早く着きすぎたとしても、その分だけ心にゆとりができます。ゆっくりと街並を観察したり、近くの喫茶店で商談の資料を読み込んだり、会話のシミュレーションをするなど、あがり症にとっては大切な、気持ちを整える時間に充てればいいのです。

いかに、自分にとってベストの状態を作り出すか。営業は、訪問する前からはじまっているのです。

少しの工夫で、心に負担をかけないようにすることが大切なのです。

最初の「世間話」を乗り切るコツ

◉話題がないと、恐怖の「沈黙」がやってくる

私たち口ベタであがり症の人間が、初めての客先に訪問したときによくつまずいてしまうのが、**「まず、何をしゃべったらいいのか？」**ということではないでしょうか。

初対面の人との会話は、まだお互いの共通点が見つかっていないため、何から話していいのかわかりません。相手が、何か言ってくれればいいのですが、こちらが営業で行っているため、相手もこちらの様子を見ている状態で黙っています。

そうなると、あの恐れていた沈黙がやってきます。

何かしゃべらなくては……でも、何も思いつかない……向こうも、こちらが切り出すのを待っているようだ……困ったぞ（だんだんあがって、汗が吹き出してくる）。

実際の時間はほんの数秒なのですが、沈黙している間というのは、ものすごく長く感じられます。

「こんなに長い時間、相手を待たせてしまって申し訳ない」

そんな罪悪感も手伝って、よりいっそうあせってしまいます。すると、その沈黙をやぶる

ためにやってしまうのが、〝いきなり商品説明〟です。

「さっそくですが、商品の説明をさせていただきます。こちらのパンフレットをご覧ください。まず特徴としましては……」

このように、会ってすぐに商品の話をしがちになります。

相手が、まだこちらの話を聞く態勢になっていないのに、こちらから一方的に話をしても、まともに聞いてくれないというのは、営業の常識です。

まずは、何かしらの「雑談」からはじめるというのが、とくに初回訪問時の鉄則です。

◉話題をあらかじめ決めておく

私の場合はとくにそうなのですが、面白い話をするのが苦手です。絶対にできない、と言ってもいいでしょう。子どもの頃から、人を笑わせようとおどけたりすることが、いっさいできませんでした。

そんな性格なので、営業先に行っても、場を和ませるような話がその場でできるはずがありません。

あるときは、雑学の本などを読んでいって、そのネタを話してみたりしましたが、もともと面白く話をすることができないため、かえってしらけさせてしまいました。

話ベタの私でも、うまく会話ができる方法はないものだろうか？

そこで、考え方を180度変えてみたのです。**こちらがしゃべるのではなく、相手にしゃべらせるようにしてみようと。**


「御社のホームページを見てきたのですが、かなり歴史のある会社ですね」

(⬇事前に相手のホームページを調べて、話題性のあることを探しておく)

「来る途中で長い商店街を通ってきたのですが、すごく活気がありますね」

(⬇相手の会社近くにあるもので、話題になりやすいものを探しながら歩く)

「こちらのビルは、天井が高くて気持ちがいいですね。まだ新しい建物なんですか？」

(⬇相手の会社内で気づいた感想を述べて話題にする)


このように、相手がしゃべりやすいように、**相手にとって身近な話題をあらかじめ準備して向かう**ようにしました。余裕を持って、〝何か話題はないかな〟と探すためには、前項でお話ししたように、少し早めに行けばいいのです。

その場で、話題をポンポンと出すことができればいいのですが、自分にはそれができないため、あらかじめ準備をする方法をとりました。そうすれば、その場でオロオロすることもありません。

本当はあがり症なのに、堂々としていられるわけです。

会話も、相手がたくさんしゃべっているのを、こちらはあいづちを打ちながら聞いているだけなので、とても楽です。

さらに、不思議と相手は機嫌がよくなっていくのです。人は、しゃべるほど気持ちがよくなっていくからです。そうなればしめたものです。その後の商談も、スムーズにできるようになります。

相手に、気持ちよくしゃべってもらう会話をめざしましょう。

「名刺」は、緊張感をほぐすための最適ツール！

◉当たり前の儀式「名刺交換」を見逃さない

最初の緊張をほぐす手段として、もうひとつ見逃せないものがあります。

それは、名刺交換です。

ビジネスの場において、初対面の人との挨拶は、まず名刺交換からはじまります。

どんなに、相手がこちらを警戒していようとも、名刺交換を拒否する人はまずいないはずです。それは名刺交換が、ある意味で儀式と化しているからです。必ず行なう行為なら、それをうまく利用しない手はありません。

ところで、あなたはふだんどのように名刺交換をしているでしょうか？

もしかしたら、「はじめまして。○○会社の△△と申します。よろしくお願いします」などと言っているのではないでしょうか。

もちろん、それも間違いではないし、ビジネスマナーの本にもそのように書かれています。

ただしこれだと、本当にただの儀式で終わってしまうのです。当然ながら、そこから会話に発展させることも望めません。

ファーストコンタクトで、少しでも相手の気持ちに近づくことができたら、その後のやり取りがとても楽になります。

では、名刺交換はどのようにすればいいのでしょうか。

◉まずは、相手の名前を読み上げること

私が習慣にしていることは、ただひとつです。名刺交換をしたら、相手の名刺をジッと見て、そこに印刷されている名前を読み上げること。時間にして、ほんの2〜3秒です。たったこれだけで、その後のやり取りが格段に楽になります。

では、実際にやってみましょう。

(「伊埜山誠」という名前の名刺を受け取ったら)

「よろしくお願いします。え〜と、これは何とお読みすればいいんですか?」

「いのやま、と読みます」

「いのやまことさんですか。このお名前は初めて見ました。珍しいですね」

「はい。日本でもあまりいないみたいですよ」

という感じです。読みにくい名前なら、このように質問することで会話が成立します。会ってすぐに、少しでも会話のキャッチボールができると、お互いの緊張感が解けてリラックスすることができます。それが狙いです。

もうひとつ例を挙げましょう。

(「田上義之」という名前の名刺を受け取ったら)

「よろしくお願いします。え〜と、たのうえよしゆきさんですか」

「いえ。たがみと読みます」

「あっ、たがみさんとお読みするんですね。失礼しました」

「いえいえ、よく読み間違えられるんですよ」

このように、名前の読み間違いを防ぐ効果もあります。いくら、よく間違えられるとはいえ、やはり自分の名前を間違えられるのは気分がいいものではありません。どんな名前でも、一度読んで確認することで、その後のミスを未然に防ぐことができます。

さらに、「かっこいいお名前ですね」「珍しいお名前ですね」など、素直な感想を添えるのも効果的です。

慣れてきたら、名前の他に、「社名」や「住所」などにも目を向けてみましょう。同じように読みにくい社名なら、それを会話のネタにするとか、自分になじみのある住所ならそれについて話題を出すなど、名刺だけでもいくつか会話が弾みます。

他にも、「すてきなデザインですね」「こだわりを感じる名刺ですね」など、見た目の印象をネタにするのもいいでしょう。

いずれにしても、相手の名前をネタにして会話をつなげることを意識しましょう。会話をすることで、相手もそうですが、自分自身もリラックスすることができます。

名刺をもらったら、よく見ずにすぐに名刺入れにしまう人もいますが、それはもったいないことです。せっかくの会話のチャンスは、活かしたいものです。

「資料が足りない」では、もはや手遅れ

◉「忘れ物」は完璧主義者の大敵

商談が途中まで順調だったのに、ふとしたことでガタガタになってしまうのはよくあることです。

さあここで、あの資料を出して決めよう！　と思ってカバンの中を探すと、いつも持ち歩いているはずのファイルがない。「ちょっと、お待ちください」などと平静を装いながら、内心はあせりでいっぱい。じわりと汗が吹き出してきます。

とくに私のようなタイプは、いつもあるべきところにあるはずのものがないと、とたんに心拍数が上がってしまい、それが人前だとあがってしまう原因になります。

それまでは、予定どおりにうまくいっていても、途中でつかえてしまうとなかなか元に戻すことができません。完璧主義なところがあるため、準備万端整えたつもりで何か忘れ物をしてしまうと、気が動転してしまうのです。

そうなると、もう挽回不能に陥ってしまい、クロージングもできずに終わることになります。

性格的に、「忘れ物」に対する罪悪感が強いのかもしれませんが、必要以上に萎縮してしまいがちです。**あがり症の人は、忘れ物に弱い体質と言える**でしょう。

ただ、忘れ物は誰も望んでするわけではありません。しないようにと思っていても、ついうっかりということがあります。

しかし、それが私たちにとって致命傷となるのなら、何とかして回避しなければなりません。

◉必要な資料は、いつも多めに持ち歩くこと

まず、自分自身をよく知ることが大切だと何度も言いました。ですから、ここでもひとつ認めてしまいましょう。〝自分は、よく忘れ物をする〟と。

自分が忘れるわけがないと思っていても（かつての私はそうでした）、自分でも信じられないような忘れ物をすることがあります。

また、客先で「資料がない」と気づくときの多くは、その前のお客様のところで配ってしまってなくなったというケースです。出かけるときにはたくさん入れてきているため、油断して全部配ってしまうことはよくあります。

そういうこともある、という前提で、資料はいつも多めに持ち歩きましょう。

もうひとつ、パンフレットや価格表などの薄い冊子は、クリアファイルにまとめて持ち歩くことが多いと思います。ひとつのポケットに同じものを複数枚入れておいて、必要に応じて配るのですが、重ねて入れてあるため正確な枚数が把握できていないことがあります。ファイルには入っているので安心していると、1枚しかなかったということもあります。

そこでぜひ、**客先から帰ったら、使った資料は補充するという習慣をつけましょう。**

◉名刺を絶対に忘れない方法

名刺も、同じことが言えます。挨拶のとき、相手が名刺を差し出しているのに、ゴソゴソとカバンの中を探して、結局見つからなかったときの気まずさは耐えられないものがあります。

名刺を持って構えている相手を待たせてしまうと、もうそれだけで緊張してあがってしまいます。まだ商談が始まる前の序盤でつまづいてしまったのでは、まともに営業することなどできません。

自分では名刺入れに数枚入っていたと思っていても、いつの間にかなくなっていたりするものです。でも、そうなってからではもはや手遅れです。

そこで、私はカバンの中の、いつもは開けないポケットに名刺を入れておくことにしています。万一、名刺入れの名刺が切れてしまっても、ふだん持ち歩いているカバンに入っているため安心です。よく、名刺の予備を定期入れや財布などに入れている人を見かけますが、これはオススメできません。身につけて持ち歩くものに入れると、名刺がヨレヨレになりがちだからです。

いずれにしても、客先で配る資料などは、多めに持ち歩くクセをつけておきましょう。多少カバンが重くなっても、その分、渡しそこなう心配がなくなると思えば安いものです。

「急な質問」をされたときどうするか

◉質問されたら、答えようとするのが人間の本能

お客様と商談中に、急に予想もしていない質問をされたことはないでしょうか？　このようなときも、ものすごくあせるものです。

「ところで、これってホームページとカタログでは金額が違うんだけど、どうなっているの？」

「えっ！」（そんなの知らないけど、本当だったらどういうことなんだ？　困ったぞ）

自分が知らないことをいきなり聞かれると、誰でも困ってしまいます。それが、知っていて当たり前のような内容だと、よけいにあせります。

人は、何か質問をされると、本能的に答えようとする性質を持っています。

ですから、すぐに答えられないことを聞かれると、「答えなければ」という気持ちと「答えがわからない」という気持ちに追い込まれてしまうのです。

もともと、すぐに心が乱れがちな私にとっては、このような急な質問というのはとても恐いものです。急に振られると、防ぎようがないからです。

質問をした相手は、こちらの返事を待っています。こちらが何かをしゃべらないと、この場が収まらない。だけど、いったい何を言ったらいいのかわからない……。そうなると、もうあがる寸前となってしまいます。

さて、こんなときはどうしたらいいのでしょうか。

◉聞かれたら困る質問を想定しておくこと

私が、営業のコンサルティングを行なうときには、営業マニュアルを作成します。営業の基本の流れとその場で使うトークをまとめたもので、これに沿って行なえば、誰でも一定の成果が上げられるようになっています。

ただ、マニュアルと言っても、一字一句トークを覚えるというものではなく、当人がしゃべりやすいように言い回しを変えてもいいようにしています。覚えるのは、あくまでも商談中の流れが中心となります。

それと同時に作るのが、「ＦＡＱ（よくある質問）」です。

お客様からよく聞かれる質問への模範解答を載せたもので、マニュアルに沿った商談中に、イレギュラーな質問にも答えられるようにするものです。

とくに、営業経験の浅い人が不安に感じていることは、「お客様から、知らないことを聞かれたらどうしよう」というものです。まだ、自分に知識がない分だけ不安が大きいのです。

私は、よくコンサル先の営業マンを集めてこんな質問をします。

・よく聞かれる質問は？
・お客様に聞かれて答えにくい質問は？
・いつも、説明しづらい部分は？

すると、それぞれの営業マンは、全員独自の答え方をしていることがわかりました。

それらを集めて、もっとも答にふさわしいと思われるものを選ぶのです。言わば、その会社の統一した模範解答を決めるわけです。

これをＦＡＱとしてまとめることで、とっさの質問にも答えられるように準備しておくのです。最初のうちは、客先で質問が出たら、その資料を見ながら答えてもよいことにしておきます。すると、それを持っているだけで、安心して商談に臨むことができるようになります。

あなたが営業に行くときにも、やはりこのような答えにくい質問をされることがあるでしょう。そのたびに答えに困らないようにするためにも、あなた独自の「ＦＡＱ集（よくある質問集）」を作っておくことをおすすめします。

急な質問と言っても、ある程度パターン化ができるため、事前に準備をすることでピンチをうまく回避しましょう。

そして、万一そこに載っていない質問が来たときには、素直に「わかりません」とか「調べておきます」などと応対します。これも、自分の中での習慣として決めておけば、その場で答えに困ってあがることはなくなります。

あとで、その回答をＦＡＱ集に追加することもお忘れなく。

「営業ツール」は持っているだけでいい

◉全部説明したくなる、営業マンの悪いクセ

自分でも完璧だと思えるような営業ツールが手に入ると、ものすごい武器を手に入れた気分になるものです。これで、どんなお客様も恐くない、と。

トークの流れもきちんとシミュレーションして、ファイルをめくりながらの説明も練習ずみ。あとは、お客様に披露するだけです。

ところが商談中、どうも相手が乗り気でないような気がします。こちらの説明にも反応しないし、何だか興味もなさそうです。明らかに、こちらからの一方通行状態です。

「どうしよう。でも、せっかくここまで説明したんだから、最後まで聞いてもらおう」

そうして、聞いていなさそうな相手に対して、延々とツールを使って説明をし続けるのです。もちろん、そんな商談が決まることはありません。

営業は、商品説明などが上手にできるように練習をします。ときには、相手役を立てて実

技練習（ロールプレイング）も行ないます。

とくに口ベタな営業マンは、話がつっかえることなく言えるまで、何度も練習を繰り返します。

せっかく、苦労して言えるようになった営業トークです。実戦の場で使わなくては意味がないとばかりに、相手のことなどおかまいなく、とにかく最後までしゃべりたくなるのです。しかしこれが、営業マンが嫌われるポイントのひとつなのです。こちらの都合におかまいなく一方的にしゃべられたら、誰でもいい気はしません。

用意したツールやトークをすべて使うことが、売りにつながるとは言えないのです。

◉同じ目的のツールを複数用意しておくこと

ここで、営業ツールの役割をもう一度確認しておきましょう。

営業ツールというのは、相手に説明するためのものではありません。お客様の疑問を解消して、納得していただくためのものです。

世の中の多くの営業ツールは、営業マン自身が説明しやすいように作られているのが一般的です。ともすると、お客様を途中で置いてきぼりにしてしまうことにもなりがちです。

もちろん、きちんと相手に伝わるものもありますが、そうでないものも多いというのが私の印象です。そこで、少し考え方を変えてみてはいかがでしょうか。

説明をするためではなく、相手の疑問に対してわかりやすく説明して、なおかつ納得してもらうためのツール、と考えるのです。

たとえば、これは私自身の経験ですが、精密機器の精度の高さを伝えるために、いくつかのツールを用意していました。

まず、精度検査に合格したという証のデータ資料です。これは、きちんと公的に証明されていることを伝えるためのものです。

次に、導入実績の一覧表も用意しました。多くのお客様から信頼を得ているということを伝えて、製品の信頼性をアピールするためのものです。

そして最後に、現物を持っていきました。測定器の中に入っている、針金状の金属棒です。これをお客様に手渡して、「見た目ではわかりませんが、ここに細かな磁気が刻まれているのです」と、説明するためのツールとして使っていました。

相手の理解度によっては、それらを次々に見せて説得力を増すこともできるし、なかにはツールなどを使わなくても、十分に理解してくれる人もいます。

ポイントは、同じことを説明するためのツールを複数種類持っていくということです。

- **精度の高さを伝えるツール**
- **信頼性を伝えるツール**
- **費用対効果を伝えるツール**

など、たとえば相手が「信頼性」についての不安を口にしたら、それに合わせたツールを出せばいいのです。

こうして考えると、営業ツールはどんどん増えていきます。しかし、**実際には使わなくても、ツールをたくさん持っていくことで気持ちが落ち着くという効果がある**のです。冷静になっていれば、相手の気持ちにフォーカスすることができるし、どこに疑問を持っているのかなども見極めることができるようになります。また、クロージングの精度もグンと高まるはずです。

2章 （習慣①準備）のまとめ

◎適切な準備をしてから、商談に臨む習慣をつける⇩できるだけ、あがりを回避する

◎遅刻をすると、冷静な商談がしにくくなる⇩予定の30分前に到着するクセをつける

◎重苦しい「沈黙」を回避したい⇩相手にとって身近な話題を準備して臨む

◎名刺交換の場を活用する⇩相手の名前を読み上げることで会話につなげる

◎ついうっかりの忘れ物をなくすには⇩客先から帰ったら、使った資料を補充する習慣をつける

◎いきなり質問されるとあせってしまう⇩よくある質問に対する回答集（ＦＡＱ）を準備しておく

◎気持ちを落ち着けて商談に臨むには⇩使わないツールでも持ち歩くことが安心につながる

3章

（習慣② 思考）ミスや失敗は売上アップの原動力になる

あがり症の思考をコントロールする

◉つい、マイナス思考に陥っていないか？

たとえば、ものごとを悪いほうにばかり考えてしまう。それが、多くのあがり症の人の思考のクセです。

ちょっとしたミスをしても、そのことが頭を離れず、いつまでも引きずってしまうことも少なくありません。他人がそれほど気にしないことでも、気になって仕方がありません。

前章で、遅刻について書いたのもそのためです。いざ遅刻をしてしまうと、そのミスがいつまでも気持ちの中に残ってしまって、通常の思考で商談ができなくなってしまうのです。

また、一度気持ちが落ち込んだりすると、立ち直るのに時間がかかります。困った性格といえば、そうなります。だからと言って、もっと楽観的になれとは言いません。それが簡単にできるのなら苦労はないからです。

そんな、あがり症営業マンの思考を１８０度変えることはなかなかできません。

私自身にも無理でした。

そこで本章では、**あがり症にありがちな思考を、営業にプラスに作用させるための習慣**についてお話ししていきます。

自分に無理のない程度に少しだけ考え方を切り替えて、今までマイナスになっていたことをプラスに変えていきましょう。自分の思考が流れていく方向性を知ることで、それをうまくコントロールすることが可能になります。

ときには、そんなマイナス思考も、そのままプラスに転用できることもあります。

小さなミスを過大に考えるということは、ミスを見逃さないということでもあります。相手に失礼なことをしてしまったときにも、それを重く受け止めてしっかりと謝罪するなど、適切な対処ができる性格ということです。

活かすところは活かしながら、自分自身の**「思考」**を調整していきましょう。

小さな「失敗」を引きずるクセ

◉どうしてもクヨクヨしてしまう性格

セミナーの講師をしていると、たいていは最後にセミナーの感想などをアンケートに書いてもらいます。アンケートによっては、コメントや点数などを記入する形式もあります。

もちろん、それを見て励みにしたり、今後の改善の参考にするためですが、私はいつも回収したアンケートをすぐに見ることができません。恐いのです。

たとえば、おおむね高評価をいただいている中で、１人でも低い評価や「いまひとつだった」などのコメントが入っていると、もうそれだけで気分が落ち込んでしまいます。口では、いちいち気にしていても仕方がないなどと言っていますが、内心では思いっきり気にしてしまうのです。

他人からの評価を受けるとき、よい評価よりも悪い評価のほうに気持ちがとらわれてしまうことはないでしょうか。これも、あがり症の人の共通点のひとつです。

・人から悪く思われたくない
・人に迷惑をかけたくない
・常にいい人でいたい

そんな気持ちが強いため、一度でもマイナスの評価をされてしまうと、しつこくいつまでも心に引っかかってしまうのです。そして、それが心の中だけであればいいのですが、行動にまで影響してしまうからやっかいです。

たとえば、これから営業でお客様と会うとき。その直前に、上司から小さな注意などを受けたりすると、それが心を暗くしてしまいます。その結果として、商談に集中できないということもよくあります。

ですから、私は商談やセミナーの前などには、できるだけマイナスの情報を入れないようにしています。

◉70点で合格と思うこと

自慢しているようで恐縮ですが、私の先日のセミナーでの評価は平均点で94点でした。これはかなり高い数値だ、と主催者の方からもおほめの言葉をいただきました。

しかし私は、１人だけ50点をつけているアンケート用紙にばかり気を取られていました。１００点満点が取れない悔しさなどではありません。１人でも低評価の人がいたということが、私の心を暗くしていたのです。

いくら平均点が良くても、その１人が気になって素直に喜べないでいました。

これと同じようなことが、ふだんの仕事でもプライベートでも言えます。

「誰からも悪く思われたくない」という強い願望があって、そのために自分を必要以上によく見せようとしてしまうのです。プライドが高いというより、被害妄想に近いかもしれません。

そのために、どうしても自己の合格点を高く設定してしまうため、それに到達しようとする気持ちと、できないかもしれないという不安な気持ちが入り混じって、あがるという現象に陥るのだと思います。

人と付き合っていても、その人の言い方や考え方の違いによって、こちらが勝手に傷ついてしまうこともあります。評価の仕方で、絶対に満点をつけない人もいれば、70点でも最高にほめている、というケースもあります。また、当人のクセで、欠点を先に指摘するタイプの人もいます。

その結果として、こちらが感じているほど、相手はこちらのことを悪く思っていないことが多い、というのが私の実感です。

そこで、自分自身の合格ラインを少し下げてみることをおすすめします。70点でいいじゃないですか。

人前でプレゼンをしなければならないときも、１００点満点での70点を狙いましょう。そのくらいでも十分に高い数値だし、受け手の満足度も問題ないはずです。

何が何でも完璧にしなければならないと思うと、どうしても力んでしまい、それが緊張につながります。

少しくらいのミスや言い間違いをしても大丈夫です。相手は、こちらが思っているほど気にしていないからです。

気になる「他人の目」にはこう対処しよう

私はとくにそうなのですが、あがり症の人は、自意識が過剰な傾向があります。いつも、人から見られているような感覚があって、しかも厳しい目で評価されていると思いがちです。あがり症と他人の目は、実は密接な関係があるのです。

◉自意識過剰な自分を知る

仕事をしていれば、嫌でも他人から見られる状態になります。オフィスで席に座っているときも、後ろから誰かが見ているのではないかと思って、ときどき振り返ってみたりします。笑い声などが聞こえると、自分のことを笑っているのではないか、と心配したりします。

とくに、営業は外に出て、知らない人の目や嫌われてはならない人の視線にもさらされています。自分のちょっとした言葉や行動が、相手の目にどう映っているかということを、常に気にしています。

困ったことに、そうして気にしているにもかかわらず、背中からYシャツがはみ出ている、などの服装の乱れにあとから気がついて、赤面してしまうことも意外と多いのです。おそらく、緊張のあまり、服装にまで神経が行かないのかもしれません。まあ、私の場合だけかもしれませんが。

そんな性格は、簡単には治すことができません。

それよりも、**自分は「他人の目が気になるタイプだ」ということを、まず自覚しておくことが大切です。**ここでも、己を知るということです。

◉人は、自分が思っているほど他人を気にしていない

かつて、私がある女性とデートをしていたときのことです。喫茶店で話をしていて、途中でトイレに行きました。そこで鏡を見ると、髪に寝ぐせがついていたことに気がつきました。

水で濡らして直そうとしましたが、どうしても直りません。あまり時間が経つのも不自然なので、仕方なくトイレから戻りました。

ところが、寝ぐせに気がつかないときは普通にしていられたのに、いったんそれに気がついてしまうと、もう気になって仕方がありません。会話もうわのそらで、指で髪ばかりいじりはじめます。

彼女も、私の変化に気がついて、「どうしたの？」と聞いてきました。

「ここの寝ぐせが気になって……」と頭を見せると、意外な答えが返ってきました。

「そんなの、全然気がつかなかったよ」

「……!?」

こちらが必死に気にしていたのに、相手はまったくそれに気づいていなかったのです。

こんなことはしょっちゅうで、ジャケットのそでが短すぎるかなとか、靴の一部が汚れているなど、こちらが気にしていることでも、相手はまったく見ていません。

現実はそんなものでした。

そこで私は、**「自分が思っているほど、人はこちらを気にしていない」**と知ったのです。

◉先に自分の気になる姿を見せてしまおう

人は、自分のことをそれほど気にしていないんだ、と思うようにはなりましたが、それでもやはり、気になる気持ちは止められません。他人の目に意識が行ってしまいます。

そんなときの対処法は、先に自分の姿を相手に見せてしまうというものでした。

たとえば、先ほどのように寝ぐせが気になったのなら、その時点で相手に見せてしまうのです。

「この寝ぐせ、めだつかな?」

自分が気にしているものを隠そうとしたりせず、先に相手に見せてしまえばいいのです。

服装に自信がないのなら、それも聞いてみます。

「今日のこの服、変かな?」

そのように聞いてみると、多くの場合は〝自分だけが勝手に気にしている〟ということに気づかされます。自分で勝手にヤキモキと悩んでいるという、まさに〝一人相撲〟の状態と言えます。

他人の目が気になるという性格自体は変えられないため、その上で少しでも対処できる方法を身につけておくことをおすすめします。

「自信がない」と「無口」は決定的に違う

◉黙っているのは悪いことか？

小学生のとき、私はいつも学校の先生にこう言われていました。

「もっと発言をしなさい！」

超内向型の私は、授業中に手を上げて発言することはもちろんできませんでした。やろうとは思ってはいたのですが、どうしてもできなかったのです。もし、間違った答えを言ってしまったら恥ずかしい。そうなると、また赤面して大汗が出てしまう。それだけは絶対に嫌でした。

あるとき、給食の時間に校内放送でクイズが出されました。

「緑色で幸せな食べ物はな〜に？」

というものでした。

私の後ろのほうでは、担任の先生が生徒と一緒に給食を食べていました。

その先生が、「わかった。ピーマンだ。ピースだし、緑色だしね」と、うれしそうに答えたのです。

まわりのみんなも、「そうだ、そうだ」と同意していました。

ただ、私は心の中で「本当にそうかな？」と疑問を持っていて、1人黙って考え続けていました。そして、すぐに別の答えがひらめきました。

「グリーンピースじゃないかな」

私の中では、おそらくこれが正解だろうと思いましたが、それを口にすることはしませんでした。どうしても言えなかったのです。

放送で答えが発表されました。やはり私が正解でした。しかし、それでもずっと黙っていました。

そのとき、堂々と答えが言えない自分自身に対して嫌悪感を覚えました。発言できなかった自分に対して、罪悪感すら抱えていたのです。それが、後々までコンプレックスとして心の奥底に残ることになりました。

しかし今思うと、黙っているということは、そんなに悪いことだったのでしょうか。みんながみんな、おしゃべりにならなくてもいいはずです。

無口だったり、内気で消極的なのはよくないという風潮があります。しかし、**人はそれぞれ違うものです。しゃべるのが得意な人もいれば、苦手な人もいていいはずです。**

そしてそれは、営業マンにも同じことが言えるのではないでしょうか。

営業も、どことなく学校生活と似たところがあります。明るく元気にしゃべるほうがよい、という風潮です。

元来、しゃべることが苦手な人も、営業になるとまず、うまくしゃべる練習をします。それが、当たり前だと思っているからです。

◉無口な自分の役割に自信を持つこと

しかし現在では、必ずしもしゃべる営業マンが優秀とは言えなくなりました。

むしろ、これまで営業には向いてないと言われていたようなタイプが、トップ営業になっています。

時代の変化によって、**大声でめだつスピーカータイプの営業マンよりも、小声だけど信頼できるタイプの営業マンが受け入れられてきている**のです。

かつての私は、自信がないから発言できない無口な子どもでした。そんな時期を過ごしてくると、無口でいることに気まずさを感じてしまいます。

お客様を目の前にして黙ってしまうこと。つまり、「沈黙」が苦しいのも、過去のコンプレックスが影響していると言えるでしょう。あがり症の人は元来、しゃべることが得意ではありません。不得意なことをやろうとしても、どこかでボロが出ます。

現在のお客様が、「しゃべる営業マン」を求めていないのだとしたら、元々しゃべるのが苦手な人は、もう無理をすることはありません。

堂々と、無口なままでいましょう。

営業マンにもいろいろな個性があり、あなたはしゃべらないタイプの営業マンなのです。そのうえで、お客様から信頼される行動をとればいいのです。

自分に無理をしていたのでは、相手からも見透かされます。うまくしゃべろうなどと着飾ってみても、バレてしまえば、逆に信頼は失われてしまうでしょう。

黙っていると自信がないと思われるというのは勘違いで、**むしろ、自信を持って黙ることが営業には必要**と知っておいてください。

売れない「原因」はあなたの性格ではない

◉「性格を変えないと売れない」という勘違い

私は長い間、ずっとこう思っていました。「自分の内気な性格のせいで売れないのだ。みんなと同じように明るく冗談などが言えないから、お客様と仲よくなれないのだ」と。

そんなときに私がやっていたことは、トークや笑顔の練習でした。

風呂の中では、身振り手振りを使って、つっかえることなく商品説明ができるように、繰り返し練習をしていました。また鏡の前では、笑顔をつくろうと、必死になってがんばっていました。

もちろん、やっていれば多少はうまくなっていきます。しかし、それをお客様の前で披露しても、結果はついてきませんでした。

そこで私は、練習が足りないのだと考え、さらに上達するようにしゃべる練習を続けていたのです。もちろん、いつまで経っても結果にはつながりませんでしたが。

また、人を笑わせる勉強もしました。雑学の本や落語の本なども読んで、ジョークも暗記しました。ただ、元々人を笑わせた経験がゼロに近かったため、面白い話の使い方がわかっていません。ですから、変なタイミングでジョークを言ってしまって、かえって場を白けさせてしまったこともあります。

今思うと、無駄なことばかりをやっていたものですが、当時の私は真剣でした。そうしなければ売れない、とずっと思い込んでいたからです。

それが、大きな勘違いだと気づいたのは、ずいぶん時間が経ってからのことでした。

◉仕事時間を「売ること」だけに使うこと

私が、自分自身の性格を変えようとして、それに時間を費やしている間、元々明るい性格の営業マンたちは、どんどん成績を伸ばしていました。

考えてみれば当然です。彼らは、時間を「売ること」にのみ使っていたからです。商品知識を蓄え、いろいろな営業トークやツールを試しては改良し、日々営業に磨きをかけていたからです。しかし、私にはそんなことをしている時間はなく、ただひたすら自分自身と格闘していただけだったのです。

たとえ、私が彼らと同じ程度にまでトークが上達することができたとしても、そのときにはもう、彼らは私のずっと先にまで進んでいるはずで、これでは、いつまでも追いつけるわけがありません。

そこで、あるときを境に、私は自分の性格を変える努力をやめてみました。いつまで経っても売れないので、もう開き直るしかないと決めたのです。

それに、どんなにがんばってみたところで、マイナスがプラスマイナスゼロになるくらいがせいぜいでしょう。とても、まわりの明るい営業マンの域には達することなどできないと考えたからです。だったら、もう仕事時間を「売る」ことのみにシフトしていこう、と思ったのです。

そうすると、「あること」が見えてきたのです。

今まで、自分のことばかりに意識が行っていて、相手のこと、つまりお客様のことを考えていなかった、ということです。

営業は、人と人とのお付き合いです。それなのに私は、こちらから一方的に伝えることだけをがんばっていました。**お客様が私の話を聞いてくれないのは、私のしゃべり方がへ**

タなせいでも、性格が暗かったからでもありません。単に、相手の心に響いていなかったからなのです。

そして、お客様の気持ちにフォーカスして、自分ができる範囲で、どう伝えたらいいのかを考えるようになった結果、売上げはグングン伸びていきました。本書の最初でも述べたように、全国トップにまでなったのです。

売れない原因は、私の性格のせいではなく、売り方そのものにあったのです。

あなたがもし今、自分を変えようとしてそこにばかり時間をかけているのなら、いったんそれを止めてみてください。まずは、仕事そのものに集中して、結果を出すことをめざしましょう。

売れるようになると、不思議なことにいつの間にか性格についての悩みも消えていくようになるのですが、それはまた後の章でお話しします。

相手を「気にしすぎる性格」を活かそう

◉営業は「神経質」なほうが向いている

私は、昔から〝ナイーブ〟だとか〝神経質〟だと言われるたびに反発を感じていました。それに加えて、「男なんだから、もっと図太くなりなさい」などと言われると、ムッとしていたものです。「小さなことにクヨクヨするな」と言われても、それができないから悩んでいるのです。

一時、そんな自分自身が嫌で、わざと忘れ物をしたり遅刻をして、〝ズボラ〟な性格を演出しようとしたこともありました。

でも、それも学生の間だけのことです。社会人になってもズボラでは、通用しないからです。

ただ営業職だけは、多少ルーズでもいいというようなイメージがあったことは事実です。体育会系のノリのせいか、少しくらいのミスは豪快に笑い飛ばせば許されるというようなイメージです。しかし、今ではもちろんマイナスでしかありません。

約束をきちんと守ったり、時間に正確、さらに言ったことを忘れずに実行するということは、営業マンとしては最低ラインのルールです。

むしろ、神経質と思われるくらいのほうが、信頼して仕事を任せられるでしょう。

私も、大事な仕事を依頼するときは、調子のいい営業マンよりも、物静かで誠実な感じの人を選びます。ですから、**営業マンは「神経質」でいいの**です。

とくにこれからの時代は、いかに親しみやすい営業マンかということより、サービスの本質で決裁されるようになるため、〝仕事の正確性〟というのは大きな〝売り〟になります。

細かいことが気になる性格は、これからの営業マンにとっては大きな武器になります。

したがって、それをあらかじめ持っているということは、営業マンとしての強力なアドバンテージ、と言えるでしょう。

◉相手の気持ちに「寄り添う」こと

他人を気にしすぎる性格というのは、こと営業に関して言えば向いています。相手の小さな言葉を聞き逃さず、微妙な表情も見逃さない。とにかく、相手に不快な思いをさせたくない気持ちが強いため、相手の心がどうなっているのか、が常に知りたいのです。

一般的にお客様というのは、なかなか本音を言いません。むしろ、営業マン相手だと隠してしまうこともあります。

そんなとき、相手の心の小さな揺れが見つけられる能力は、営業にとってはありがたいものと言えるでしょう。

昔は、人の顔色ばかりうかがっていたデリケートな子どもだったかもしれませんが、それが大人になると大きな武器に変わったのです。

営業マンにとって最も大切なスキルとは、相手の気持ちを理解して寄り添うことです。

「あなたのことはよく理解していますよ」

↓

「これで、お困りなのですね」

↓

「そんなあなたのために、こんな提案ができますよ」

↓

「いかがでしょうか」

このように、相手のことをしっかりと理解して、その気持ちに寄り添うように提案していくのが理想の商談です。決して、こちらの都合を一方的に押し付けるような売り方をしてはいけません。

どんどん相手の気持ちを気にしましょう。あなたのふだんどおりにすればいいのです。そうすれば、ストレスなくお客様と向き合うことができるはずです。

ふだんの思考を少しだけ変えてみると、営業にはマイナスだと思っていたことが、むしろプラスとして作用することに気がつくはずです。ぜひ、習慣にしてください。

3章（習慣②思考）のまとめ

◎あがり症は、ついマイナス思考になりがち⇩営業にプラスに作用させる習慣が必要
◎人からの悪い評価が気になってしまう⇩完璧主義ではなく、70点で合格とする
◎他人の目が気になる⇩自分が思っているほど、人はこちらを見ていないことを知る
◎無口なことに対して罪悪感がある⇩寡黙で信頼されるタイプの営業マンが歓迎される時代になっている
◎売れない原因は、性格のせいか？⇩性格は、まったく関係がない。むしろ売り方の問題
◎神経質で細かい性格はマイナスか？⇩相手の気持ちがよくわかる性格はむしろプラス

4章

（習慣③ 行動）相手と「打ち解ける」必勝パターンをつくろう

あがるときは、だいたい決まっている

小学生の頃、私はカブスカウトというボーイスカウトのジュニア版に入っていました。そこでは、みんなでゲームをしたり、山登りをしたり、歌を歌ったり、自然の中で活動するための基礎を学びました。ただ個人的には、正直言って苦痛な場面が少なくありませんでした。

◉みんなの前であわてないためには

なかでも嫌だったのは、「魚鳥木（ぎょちょうもく）」というゲームでした。

これは、30人くらいが広場で輪になって行なうもので、まずリーダーが魚（ぎょ）・鳥（ちょう）・木（もく）のどれかを言いながら誰かを指差します。指された人は、指定されたものの名前（魚なら魚の名前）を言います。後は、指された人がまた、魚鳥木のどれかを言いながら、別の人を指す。これを繰り返すというものです。

一見簡単そうですが、いきなり指されて名前を思い浮かべるのは、なかなか容易なことではありません。あわててしまって答えが出てこなかったり、誰かと同じものを言ってしまったり、間違えるとバツゲームが待っています。

私は、このゲームが恐くて仕方がありませんでした。大勢の前でいきなり指されて、すぐに答えられないとバツゲームだなんて、あがり症の自分には残酷です。もし指されたら、間違いなくあがってしまうことは、自分でもわかっていました。

そこで、私がしたことは、指される前に3つの答えをそれぞれ用意しておくことでした。魚ならフナ、鳥ならハト、木ならクリ、というように、何が来てもすぐに答えられる状態にしておくのです。

本来このゲームは、与えられたテーマをとっさに考えて答えるのが醍醐味でもあるのですが、そんなことは言ってはいられません。失敗を楽しんだり、笑いながら罰ゲームをやるような余裕などなく、災難を無事にやり過ごすことが、私にとっての第一優先事項だったのです。そのおかげで、私はこのゲームであがった記憶はありません。

というわけで、本章では、あがらずに成果を出すための**「行動」**パターンをご紹介していきます。

徹底的に「下調べ」をしてから会いに行く

◉初対面のお客様に会うのは怖い？

営業ですから、初めて会うお客様も多くなります。これは、あがり症の人にとってはかなり辛い場面です。

電話やメールだけでやり取りした相手に直接会いにいくときなどは、思い出すだけで緊張してしまいます。

「恐そうな人だったらどうしよう？」

「無愛想で無口な人だったら困るなあ」

こんな心配で、頭がいっぱいになります。そうなると、商談をどう展開しようかなどという戦略すら浮かびません。そのままの状態で面談がはじまると、お互いに緊張し合ってしまい、いきなり「沈黙」になることも少なくありませんでした。その場の空気の重苦しさといったら、経験した人でなければわかりません。

新規営業をしなければならないのに、新規のお客様が苦手――売れない頃の私は、そんな営業マンでした。

商談というのは、売る側であるこちらから何かを切り出さないとはじまりません。お客様は、営業マンの言葉をただジッと待っています。それがわかるだけに、なおさらプレッシャーがかかります。

「何かを言わなければ、何かを言わなければ……」

懸命に話題を探しますが、まったく何も浮かんできません。これは、緊張しているせいもありますが、ふだんから聞き役になっていることが多いため、自らが話題を出すという経験がなかったことが原因です。そのため、いくら考えても思いつくわけがなかったのです。

そこで、私は対策を考えました。

知らない人に会いに行くから緊張するとしたら、知っている人にしてしまえばいい。

そう、あらかじめ相手のことを知ってから出向こうと考えたのです。

◉インターネットでネタを探してから出向くこと

事前に相手を知るというのは、今の時代ならとても簡単なことです。インターネットがあるからです。相手が会社なら、たいていはホームページを持っています。それをチェックしてから行けばいいのです。

営業として、相手の会社のホームページを調べてから行くというのは、もはや常識です。

今では、ブログやSNS（フェイスブック、ツイッターなど）を個人でやっている人も多いため、担当者の個人名で検索すれば何かしらヒットする可能性も高いでしょう。

それをざっと眺めるだけで、相手の人物像が何となくイメージできるはずです。もちろん、写真が載っていればなおいいでしょう。さらに、現地やまわりの状況も見ることができます。

私がよく使うのは、グーグルマップの「ストリートビュー」という機能です。これを使うと、まだ行ったことがない先方の近隣の状況を、画像で見ることができます。

そうして、あらかじめ相手のことを知ってから行くだけで、あがる頻度は格段に下がります。

ほんのわずかな手間で、自分をうまくコントロールできるとしたら、やってみる価値はあります。

さて、そのホームページを見るときに、もうひとつチェックしていただきたいことがあります。

それは、先方に会ったときに**「最初に話題にすべきネタ」**です。

これは次項でもお話ししますが、とくに初対面で困るのは、最初の雑談がうまくできないことです。私も含めて、あがり症の営業マンにとっては切実な問題です。

会ってすぐに仕事の話をはじめても、まだ相手は警戒していることが多いため、なかなか話に乗ってくれません。そこで、まずは**「場を温める」ための雑談**がどうしても必要なのです。

そこで、相手のことをインターネットで調べるときに、ぜひ一緒に「雑談の話題」も探しましょう。

「こちらの会社は、歴史がかなりあるのですね」

「ブログで拝見したのですが、陶芸のご趣味があるんですね」

など、調べたネタを使えば、相手は話題に乗ってきやすくなります。**相手がしゃべってくれることで警戒心が解けるし、こちらとしても緊張がほぐれます。**その場の雰囲気も軽くなってくるはずです。

自分が、どうすればあがらないかを考え、それを行動に移すことで、より精度の高い商談ができるようになります。

苦手な「雑談」はこうして克服する

◉会ってすぐに、何を話せばいいのかわからない

一対一で人に会うということは、あがり症の私にとっては相当な緊張を強いられます。好きな女性と初めてデートをしたとき、もちろんうれしさもありましたが、それ以上に苦痛も感じていました。

「もし会話が途切れたらどうしよう。何か面白い話題を準備しておかないと。一緒にいてつまらないと思われたくない……」

そんなことばかりを考えていて、少しも楽しくないのです。デートが終わって、家に帰るとホッとしている自分がいて、何だか情けなくなりました。

次のデートのために、本などから雑談のネタを仕入れていくのですが、そうしなければならないことも苦痛でした。しかも、そのネタを実際に試してみても、あまり盛り上がらず会話も途切れ途切れになってしまいます。おそらく、相手もつまらない思いをしていたのでしょう。

私は雑談について、長い間勘違いをしていました。

かつてのデートのときのように、面白い話や珍しいニュースなどのネタを話すのが雑談だと思っていたのです。元々、人を楽しませるという習慣がなかった私には、それがとても苦痛でした。

しかし、仮にどんなに面白い話ができたとしても、それはこちらからの一方的な話に過ぎず、「会話」ではありません。

ビジネスの場での雑談の目的は、場の空気を和ませて商談しやすくすることであり、同時に相手の警戒心を解くという目的もあります。

そのために最も有効な手段は、**「できるだけ、相手にしゃべらせること」**です。こちらがしゃべるのを聞かせるのではなく、自分からしゃべってもらうことが重要なのです。

ですから、話題のネタは、できるだけ相手がしゃべりやすいものでなければなりません。

そう考えると、かつてのデートのときに場が盛り上がらなかったこともうなずけます。

あのときは、私が一方的に話をしていただけだったからです。

では、どうすれば、相手がしゃべってくれるようになるのでしょうか。

◉早目に出かけて「相手がしゃべりやすい話題」を見つけること

たとえば、会ったばかりの人と電車で一緒に帰ることになったとき、もっとも自然な話題は、おそらくこれでしょう。

「どちらまで行かれますか？」

相手の目的地（自宅）を聞くのです。そうすれば、どの電車に乗るのか、どれくらい時間がかかるのか、どんなところなのか、などと話題を広げやすいからです。

では、なぜ話題を広げやすいのでしょうか？

それは、**相手がその話題についてよく知っているからです。**自分の住んでいる環境やいつも使っている交通機関なら、当然なじみがあります。その話題なら、**気軽に話しやすいはずです。**

そこで、初対面の人との雑談にも同じことをするのです。

相手が、よく知っていると思われる話題を提供するのです。

たとえば、駅から相手の会社に行く途中、昔懐かしい駄菓子屋があったとしたら、「こちらに来る途中に、昔風の駄菓子屋さんがあるんですね。懐かしかったので、ちょっとのぞいてみました」などと、近所の話題をネタにすることができます。

これなら、相手も乗りやすいはずです。「私も、たまに立ち寄ったりしていますよ」「大人も楽しめますよね」

こうして楽しく話題がふくらんで、緊張感が解けると同時に、あの嫌な沈黙も避けることができます。

このように、近所のネタというのはとても有効です。

そのためにも私は、いつも目的地には30分くらい前に到着するように行動しています。30分前だと、そのまま向かうには早すぎるため、少しゆっくりと寄り道などもしながら歩きます。気持ちにも余裕があるので、周囲を観察しながら話題のネタを探すことができます。もちろん、遅刻することもなくなります。

雑談が重要なことはわかっている、しかし雑談は苦手、という人は、ぜひ早めに行動を起こして、近所の話題を見つけて行くことをおすすめします。

面談の最初をうまく乗り切ることができれば、あとがグンと楽になるからです。

「クレーム」が来たときに最初にするべきこと

◉電話に出て、いきなり怒鳴られたら？

どんなことでもそうですが、あがり症の人があがるポイントというのは、**「いきなり」のとき**が少なくありません。いきなり、こちらに話を振られたり、注目されたり、自己紹介をさせられるなどです。

なかでもキツイのは、いきなり電話で怒鳴られることです。そもそも、電話自体がいきなりかかってくるものなので、準備のしようがありません。とくに、入社したての新人などは電話番をさせられるため、どんな人からかかってくるのか、といつもドキドキしている人も少なくありません。

さて、あなたが電話に出たら、いきなり「おたくの商品はどうなってるんだ！　責任者を出せ！」と、ものすごい剣幕でまくし立てられたらどうするでしょうか？

相手が誰かもわからないし、どの商品のことかもわかりません。何のことだか見当もつかないが、相手が怒っていることはたしかです。あいにく、まわりには誰もいません。この電話を自分が処理しなければならないと思うと、緊張と恐怖で声が震えてしまいます。

「あ、あの、すみません。今誰もいないもので……」

すでに緊張のボルテージはグングン上昇しています。

「誰もいないって、あんたがいるじゃないか」

「いえ、私はまだ新人なもので……すみません」

こうなると、もうどうしていいのかわからず、パニックになってしまいます。

そんなとき、あなたならどうするでしょうか。

◉とことん、聞き役に徹すること

あがり症の人は、他人に対する意識がとても敏感な性格です。自分のせいで、相手が気分を害したりすることを極端に嫌います。ですから、相手を怒らせるなんてとんでもないこと、と思っています。それは裏返せば、ふだんから怒られることを避ける習性が身についていると言えるでしょう。

そんなタイプの人が、いきなり誰かに怒られると、もう一気に鼓動が高まってパニックになりがちです。

まずは、そのことを自覚しましょう。そのうえで、いざというときの対応策を用意しておくのです。

これは、雑談の項でもお話ししましたが、人は、警戒しているときや怒っているときなど、こちらに対して平静な感情を持っていないときには、こちらからの言葉はほとんど意味をなしません。どんなに正論を言っても、相手は聞いてくれません。むしろ、さらに怒り出すことすらあります。

そこで、やるべきことはただひとつです。それは、**「相手にしゃべらせること」**です。**人は、自分がしゃべるほど気持ちが落ち着いてきます。また、それを相手がしっかりと聞いてくれるほど、心が整理されていきます。**

クレームで怒っている人に対しては、言い訳をするのではなく、まず聞くことです。

「弊社の商品で何かご迷惑をおかけしたのですね。申し訳ありません」

よく、「謝ったら負け」とか「謝ると責任を取らされる」などと思っている人がいるようですが、それは謝り方しだいです。全面的に謝るのではなく、限定的に謝りましょう。

結果として、あなたの会社や商品に落ち度がなかったとしても、相手はあなたの商品に何らかの形で関わったことで怒っています。相手の気分を害したきっかけをつくったことに対して謝るのです。

そのうえで、このように続けましょう。

「早急に解決したいと思いますので、状況をくわしくお聞かせください」

もしかしたら、お客様の使い方が悪いのかも知れません。

しかし、この場合はどちらが悪いのかを詮索するのではなく、まず相手が怒っている部分に焦点を当てます。何に対してのクレームなのかをはっきりさせなければ、的確に対処することができないからです。

状況を聞くのは、あくまで保身や許してもらうためではなく、〝お客様の問題を解決するため〟だということを強調します。

そうして、まずは相手の怒りの言葉を最後まで聞きましょう。もし、反論したくなったとしてもグッとこらえてください。とことん相手にしゃべってもらうことが重要なのです。

最初はどんなに怒っている人でも、たいていの場合はしゃべっているうちに落ち着いてきます。冷静になれば、解決の糸口が見えてくるものです。

クレームは、相手もそうですが、あなた自身の平常心をかき乱してしまいます。「お互いに、まず落ち着くこと」を最初のゴールにしましょう。

この「自己紹介」なら一石二鳥

◉笑いが取れる人がうらやましい

ビジネスセミナーや異業種交流会などに行くと、たいてい最初に行なわれる恐怖の儀式があります。それは自己紹介です。１人ずつ順番に自分の名前と職業を告げ、最後に「よろしくお願いします」と言って次の人に回すという、例のやつです。

私は、自己紹介が大好きだという人に、いまだかつて出会ったことがありませんが、とくにあがり症の人にとっては大敵です。

自分の番が近づいてくるたびに、心臓の鼓動が早くなり、じんわりと汗が出はじめます。「何を言おうか」ということばかりで頭の中がいっぱいになり、他人のあいさつなんてまったく聞いていません。そして、ついに自分の順番が回ってきます。立ち上がって、しどろもどろになりながら何とかしゃべります。

たった数分のことながら、着席する頃にはもう汗びっしょりです。あなたはいかがでしょうか。

さて、そんな自己紹介ですが、たまにとても上手な人を見かけることがあります。場慣れをしているのでしょう。たいへん流暢な話し方で、聞き手を魅了します。そして、最後にはしっかりとオチをつけてみんなの笑いを誘い、会場を盛り上げてからにこやかに着席します。

見ていて、いつもうらやましいと思っていました。「自分も、あのようにしゃべることができたらなあ」と。しかし、それが無理なことは、自分でもよくわかっていました。

そこで、私は考えました。

何度やっても、自己嫌悪にしかならない自分の自己紹介を何とかしたい。

もっとストレスなく、そしてあがることもなく、しかも意味のある自己紹介ができないものか。その結果、生まれたのが**「5秒あいさつ」**です。

●自己紹介を、自分の「アピールの場」に変えること

単に、自社名と自分の名前を言うだけの自己紹介って、意味がないとは思いませんか？

それを伝えたからといって、売上げが上がるわけでもありません。私は以前から、「無意味なことだなあ」と思っていました。

そこで考案したのが、たった5秒のあいさつで集客できる自己紹介法です。どうせ、今後

も自己紹介をしなければならない場面が来るとしたら、せめて意味のあるものにできないものか。たとえば、自己紹介で集客ができるとしたら、多少の苦痛でも我慢できるかもしれない。これは、**自己紹介を自分の仕事のアピールの場に変えるという発想**で、今までのものとはまったく違います。何といっても、社名も名前も言わないのですから。

まず、自分の営業のターゲットを絞り込みます。私の場合なら、「営業マン」を絞り込んで、「内向型で、売れずに悩んでいる営業マン」という感じです。そして、そのターゲットに対して、これも絞り込んだ自分の商品やサービスを伝えるのです。

誰に対して何を提供しているのか。ただ、それだけを伝えます。

（私の例）

（誰に）……内向的で売れずに悩んでいる営業マン
（何を）……口ベタ、あがり症でも売れる営業法

みんなに伝えるというよりも、自分のターゲットにだけ聞いてもらうというスタイルにな

ります。絞り込むことで対象者は減りますが、その分、ピンポイントでヒットすると即受注につながりやすくなるのです。

ヒットすると、お客様のほうから、よりくわしい話を聞きにやって来るので、そこではじめて社名や名前を名乗ればOKです。必要な情報のみを相手に伝えるという手法です。

この自己紹介法のメリットは、たった5秒だけでいいので、セリフも憶えられる範囲ということです。言うことがあらかじめ決まっているため、ほとんどあがることがありません。何よりも、〝自分が狙ったターゲットの集客につながる〟という利点があります。

従来の、意味のない自己紹介を嫌々やるくらいなら、こちらをおすすめします。

ちなみにこれは、私のセミナーでたいへん好評だったもので、書籍『たった5秒のあいさつでお客様をザクザク集める法』(渡瀬　謙著・同文舘出版)にもなりました。あがり症の営業マンにはピッタリの自己紹介法なので、ぜひ試してみてください。

お酒が好きというのと、飲み会が好きというのとはまったく違います。私はたくさん飲めるほうではありませんが、お酒が好きかと聞かれたら、「好き」と答えます。

しかし、飲み会のお誘いが来ると、まずは断ることを前提に検討することにしています。

その理由は、大勢での飲み会が苦手だからです。

人がたくさんいてワイワイ騒ぐ感じの酒の席は、いつも気詰まりになるからです。静かに、じっくりと話をする場は好きなのですが、みんなで楽しく盛り上がるのはどうしても苦手です。

行きたくない「飲み会」を乗り切るには

◉宴会のどこが楽しいんだろう？

ですから、どんなメンバーなのか？　何人か？　どんな店でやるのか？　などを確認してから出欠を決めます。

仕事での付き合いだとしたら、その仕事と自分の気持ちを天秤にかけてみて、メリットがあると思えば出席するようにしています。いくらお酒が好きだといっても、辛い思いをする飲み会だったら出たくないからです。

とくに営業マンは、宴会で盛り上げなくてはならないというイメージや、お客様を接待するのも大事な仕事だと思われているふしがあります。

しかし実際には、そんなことはありません。接待などを一切しないトップセールスもたくさんいます。

苦手なことを、無理に克服しようとする努力は否定しませんが、それがかえって別の苦痛を生んだり効果が期待できないときは、いさぎよくあきらめるのもひとつの手です。

とくに**あがり症の営業マンは、苦手なことが人よりも多い傾向があります。それらをいちいち克服しようとしていたら、時間がかかりすぎてしまいます。**ですから、切り捨てるところは切り捨てていくのです。

私は、知らない人がたくさんいて、仕事につながりそうにもない、単なる大勢での飲み会は断ることにしています。お金を払って時間を費やして、そのうえ楽しくないのでは行く意味がないからです。

自分の中での基準をつくっておくことで、その場でジャッジできるようにしておきましょう。

◉カラオケには行かないこと

よく、二次会でカラオケに行くというパターンがありますが、私はこれもパスすることにしています。

かつては、付き合いで行くこともありましたが、行くつど、ストレスを溜め込んで帰ることになることがわかり、行かないことにしたのです。

そもそも、私は声が小さいうえに音域も狭いため、歌える歌がほとんどありません。強いて歌いたい曲を挙げるなら、昔のフォークソング系だけ。みんなが知らないような曲を、ヘタな私が歌っても、場がしらけるのは目に見えています。

また、部屋の音量が大きいので、人と話をするためには常に大声を出さなければなりません。それも、私には辛いからです。

さらに、次は誰が歌うのか？　知らない曲だけど、手拍子くらいはしておかないと……。また、なるべくみんなが知っている曲を選んだほうがいいかな、など、私の場合は人に気を遣いすぎて、かえって気疲れしてしまうのです。

もちろん、あがり症の人でもカラオケ好きはいるし、歌がうまい人もいるでしょう。しかし、ここで言いたいのは、**自分の苦手な環境にはなるべく行かないようにするべきだ**ということです。

人付き合いをするには、それぞれ苦手なことと得意なことがあります。自分の苦手な環境でコミュニケーションをとろうとすると、ストレスになるだけでなく、本来の自分でいられなくなります。そんな状態では、まわりと親交を深められるわけがありません。

何も、一緒にいることだけが付き合いではないのです。

もっと他の、**あなたが得意としている場所で付き合う時間を増やす工夫をしましょう。**

4章　（習慣③行動）のまとめ

◎初対面の人と会うと、どうしても緊張してしまう⇩あらかじめ、相手のことを知ってから出向くようにする

◎何を話せばいいのかわからないとき⇩相手にとって身近な話題を使うこと

◎怒っている相手にどう対応すればいいのか？⇩とにかく、最後まで相手にしゃべらせること

◎自己紹介が苦手なときはどうする？⇩自分の仕事について「誰に」「何を」をアピールする

◎苦手なカラオケに誘われたら？⇩自分の苦手な環境には、できるだけ行かないようにする

5章

（習慣④ 言葉）大勢の前でも平常心でプレゼンできる方法

人前で上手にしゃべることができたら

◉高い「理想」と残念な「現実」のギャップ

人前で上手にしゃべること。これは、あがり症の営業マンにとっては、最も手に入れたいものの筆頭ではないかと思います。

これまで、うまくしゃべれないために、いやむしろダメなしゃべりで、どれだけのビジネスチャンスを逃してきたことか。そう思っている人も多いでしょう。

私も長い間、そう考えてきました。あがってしまう原因は、うまくしゃべれないからに違いない。いつも成績を上げている彼のように、相手を魅了するしゃべりができたらなあ、と。

子どもの頃は、クラスで一番の人気者にあこがれ、社会人になってからは会社で一番トークがうまい先輩にあこがれていました。今思うと、ビリの人間がいきなりトップになりたいなどと、だいそれたことを考えていたのです。

しかも私の場合は、単にあこがれているだけで、うまくなるための努力も工夫もしていませんでした。いつか、自然に上手にしゃべれるようになったらいいなあ、などと虫のいいことばかりを考えていたのです。

理想が高くて完璧主義なだけに、ほんのわずかでも失敗したくないという強い思いから、人前でしゃべることを極力避けて生きてきたのです。その結果、人前でしゃべる経験をすることなく大人になってしまったのです。

そんな人間が、社会人になったからと言って、いきなりうまくしゃべれるわけがありません。営業でのプレゼンやスピーチをせざるを得ない状況になると、当然ながらあがってしまい、いつもボロボロの結果になりました。現実はやはり甘くはないのです。

さて、あなたはいかがでしょうか？


この章では、あがり症でもすぐに結果を出さなければならないときのための、**「言葉」**の使い方について解説します。私なりに実践して、失敗を繰り返しながら成果を出してきたものばかりですので、ぜひ試してみてください。

そもそも、「声が小さい」ときの対処法

◉いつも、「えっ？」と聞き返されてしまう

私の声は、極端に小さいようです。家で、隣にいる妻に何か話しかけても、「えっ？」と聞き返されることはしょっちゅうです。

喫茶店などでオーダーしようと思っても、大声で店員を呼ぶことができません。近くに来たときに声をかけるか、手を上げて見つけてもらうのを待つのが通常です。

過去に、何度か大声で呼んだことがありますが、どうしても声が届かず、まわりの人の気の毒そうな視線に耐えられませんでした。

騒がしい居酒屋だと、隣の人との会話すらできなくなります。

私が何か話そうとすると、相手は身を乗り出して聞き耳を立てるしぐさをします。それも何だか申し訳なくて、あまり話さないようにしていました。

そんな私が、初めてセミナーを行なったときのことです。２００人は入る広い会場に、30名ほどの人が集まりました。私が、極度に緊張しながら話をはじめようとすると、マイクが

どこにも見当たりません。あわてて会場の担当者にたずねると、「マイクはない」とのことでした。

私は血の気が引きました。

何せ、私は大声が出せないだけでなく、自分の声がどこまで届くか知らなかったからです。こんな大きな会場で、声を出した経験などありません。それでもお客様は、私がセミナーをはじめるのを待っています。こうなったらもう、やるしかありません。

後方の人に向かって、できるかぎりの大きな声でしゃべりはじめました。

ところが、やってみると何とかなるものです。終わる頃にはのどが潰れていましたが、いちおう私の声は、後ろの席の人にまで届いていたようです。

私は、この経験でとてもいいことを学んだのです。

◉まず、一番後ろの人に声をかけること

営業でも、お客様を集めた説明会などを行なうことがあります。当然のようにあがってしまう場面です。

また、マイクがあったとしても、マイク慣れしていないと、どれくらいのボリュームでしゃべったらいいのか、わからないことがあります。

そこでおすすめしたいのが、まず初めに一番後ろの人に声をかけるというものです。

「このくらいの声で、後ろの人まで聞こえますか?」

私はいつも、このように話しかけることからはじめます。そうです、あのマイクなしのセミナーと同じことをするのです。

すると、後ろの人は手を振ったり、両手で丸を作ってOKサインをくれたりします。それを受けて、「ありがとうございます」と答えます。

たったこれだけのことですが、本番をはじめる前に、私と参加者との間で会話をすることの効果はとても大きいものがあります。

まず、自分の声がしっかりと相手に届いていることが確認できます。一番後ろの人が聞こえていれば、当然全員に聞こえると判断していいでしょう。もちろん、マイクのテストも兼ねています。これで、心配事がひとつなくなります。

それと同時に、これまでにも述べてきましたが、お互いに緊張する場面において、できるだけ最初に会話を交わしておくことは、自分をリラックスさせてくれる効果があり、あがり防止にもなります。

同じ目的で、ホワイトボードに文字を書いて（たとえば、自分の名前など）、**「後ろの人、このくらいの文字で見えますか？」**と、問いかけてみるのもいいでしょう。

いずれにしても、後ろの人というのがポイントです。前に座っている人というのは、気持ちも前向きな参加者が多く、こちらの問いかけにも大きく反応しやすいのですが、後ろの人とは、なかなかやりとりをする機会がありません。そこで、最初に対話をしておくことで、こちらに意識を向けてもらうことができるのです。

これから、前で話をしなければならない身としては、相手がしっかりとリアクションしてくれるということは、精神的にとても助かります。**自然なやり取りを意図的につくることで、会場の緊張感を和らげるのは、いわば雑談と同じ行為**です。

人前で話をするときは、まず本題とは関係のない話題で、相手と軽い会話をすることを心がけてみてください。声が小さいというのも、話題として有効です。

「笑い」なんて取れなくても大丈夫

◉本当に面白い話ができる人はごく一部

あなたは、〝人を笑わせる〟ことにあこがれたことはありませんか？

私は、子どもの頃からあこがれていました。今でもよく憶えていますが、ひょうきんでいつもまわりを笑わせていたクラスの人気者がいました。ある日、彼は紙袋いっぱいのチョコレートを持っていました。その日はバレンタインデーだったのです。

彼は、単に面白いというだけでなく、女子にもモテていたということを知って、私はかなりのショックを受けました。そして、よりいっそう、面白い話ができることへのあこがれを持つようになったのです。

たしかに、話が面白い人はどこへ行ってもめだつし人気者です。私が新卒で入った会社にも、そんな先輩がいました。お客様からのウケもいいし、宴会などでも独り舞台でした。そのうえ、営業成績もダントツで、上司からも一目置かれる存在でした。

その話術の巧みさと頭の回転の速さは天才的でした。

「あんなふうになれたらなあ」と、遠くを見るような目でいつも眺めていたものです。
あなたのまわりにも、そんな人がいませんか？

しかし、もう一度まわりを見渡してみてください。会社の飲み会でのいつものメンバーの中で、本当に面白い話ができる人は何人いるでしょうか？　まさか、あなた以外全員ということはないでしょう。せいぜい、1人か2人ではないでしょうか。

実際によく見てみると、エンターテイナーのように話術が巧みな人というのは、本当にごく一部だけです。その他の人は、彼の話にあいづちを打ったり、笑っているだけという人がほとんどです。つまり、全員が面白い話をしているのではない、ということに気がつきます。

それを知ったとき、私は少しホッとしました。

◉「自分は、笑わせる係ではない」と思うこと

では、みんなと一緒にいるときの自分はどうするべきか、と考えたとき、私はひとつの結論にたどりつきました。それは、面白い話をしようとしないことです。

元々話しベタで、人前でしゃべったり注目を浴びることが苦手な私には、みんなの前で面白い話を披露するということは、とてもハードルが高いことでした。それをするためには、

かなりの努力と時間が必要なことはわかっていました。おそらく、いくら時間をかけても、満足のいく結果は出なかったと思います。

そこで、私はこう考えることにしました。「世の中には、人それぞれに与えられた役割がある。私に与えられているのは、面白い話をすることではない。それは、別の人の役割なのだ」というようにです。

自分には合わないことを望むよりも、自分らしくいることを選んだのです。

学級委員には向かないが、飼育係には向いている。そんな感覚です。しゃべらないから悪いとか、つまらないからダメという価値観を持つのをやめて、自分は人を笑わせる係ではないのだ、と考えるようにしたのです。

それ以来、宴会に出席したときも、堂々としゃべらないキャラで通しています。ここでの私は、人の話を聞いて笑うのが役割なのです。

すると、自分の中で大きな変化が起こりました。

営業で客先に行くときにも、〝**笑い以外のことで、話題を考えてから行く**〟という習慣がついたのです。相手を笑わせる必要はないけれど、それ以外で何か会話が弾むような話題を準備するクセです。

そもそも、営業の場で面白い話をする目的は、その場の緊張をほぐしてお互いにリラックスすることにあります。そして、成約につなげるというのがゴールです。

場を和ませるには他にも方法があって、そのひとつは相手にしゃべってもらうことです。つまり、相手がしゃべりやすい話題を提供すれば、結果として商談成立につながりやすくなるはずだと考えました。

では、どんな話題が効果的か？ どんなタイミングがいいのか？ などを考えることで、相手に気持ちよくしゃべってもらうための工夫をしはじめたのです。

そうして、私は苦手な雑談を克服することができたのです。いつまでも「笑い」にこだわっていたら、いまだに変わらない自分でいたはずです。

営業マンだからと言って、人を笑わせることができなくてもいいのです。

誰も、あなたの上手なトークを求めていない

◉あなたは、そんなに期待されていますか？

いきなり失礼な質問ですが、あなたは人から「上手なしゃべり」を期待されていると思いますか？　いつも場を盛り上げてくれて、笑いを提供してくれる人と思われているでしょうか？　この本をここまで読んでいるあなたなら、きっと答えは「ノー」のはずです。

しかし、営業でお客様に説明するときなど、どうしても上手にしゃべらなくてはならない、と思ってしまうものです。営業マンは、上手にしゃべれてナンボだと。

トークの練習は、私自身もかなりしました。セリフを、丸暗記するまで憶えて客先に行ったものです。ただ、実際にはなかなかその成果を出すことはできませんでした。こちらがしゃべっている途中で、お客様が質問してきたり、何かの拍子に話が途切れてしまって、軌道修正ができなくなることが多かったからです。

それに、憶えてきたトークというのは、どうしてもこちらからの一方的な話になりがちです。今思うと、お客様はセールストークの朗読を聞かされるのに耐えられなくて、話の途中

で切ろうとしていたのかもしれません。

お客様は、数多くの営業マンを見てきています。その中で、にわか仕込みのセールストークなどは、すぐに見破られてしまいます。ふだんの会話ですらぎこちない私に、上手なトークなどを期待する人などいなかったのです。

これは、講師として人前でしゃべるようになったときも同じです。最初の頃は、やはり講師たるもの、うまくしゃべれなければならないと思って、必死に練習していました。言い間違えないように、つっかえないように、繰り返し練習をしてから本番に臨んでいました。

しかし、やはりどこかで失敗をしてしまいます。セリフを忘れたりすると、メモを必死に探しながら全身が熱くなってきます。間をつなぐ言葉が見つからず、沈黙のまま時間が過ぎていくこともありました。予定時間をオーバーしそうになったときも、あせって記憶が飛んでしまったり、急な質問をされたときなども困ります。

いずれにしても、うまくしゃべろうと思うほど、失敗したときのダメージが大きくなり、それがあがりにつながっていきます。

お客様は、私に上手なしゃべりなどを期待して来ているわけではない、ということを知ったのはずいぶん経ってからのことでした。

◉もっと、トークの「内容」にフォーカスしよう

期待されてもいないのに、うまくしゃべろうとするのは、相手のためというよりも自分の満足感を満たすための行為でしかありません。そして、勝手に失敗したのをきっかけにあがってしまうのは、まったくの一人相撲です。それに気づいたとき、私は心がスッと軽くなりました。

そもそも、上手にしゃべらなければならないと考えること自体、過度のストレスです。社内でも客先でも、緊張を強いられていて気持ちにも余裕がない状態は、自分で自分をあがりやすい方向に向けていたとも言えます。

お客様は、自分に何を望んでいるのか。それは、決して上手なトークではありません。正確でわかりやすい情報と、お客様に対する誠意です。

だとしたら、どうすればもっとわかりやすい説明ができるのか、ということに焦点を当てて伝えるべきです。それは、必ずしも言葉を使う必要はありません。資料やデータを使ってもいいし、むしろそのほうが伝わりやすい結果にもなります。

大勢の前で話す場合も同様で、ひとつのことを伝えるにしても、口頭で伝える、図で見せる、資料を渡す、ビデオで見せるなど、さまざまな方法があります。

その中で最もわかりやすく、かつ自分に最も適した手段を選ぶことです。そこに時間を費やすほうが、自分にも相手にとってもメリットが大きいはずです。

とくに営業の場合、お客様は営業マンの言葉をなかなか信用しようとしません。トークだけで説明しても、なかなか納得してもらえないのです。そのトークを一所懸命に練習したところで、そう大きな効果は期待できないでしょう。

それよりも、**「何を伝えるか」にフォーカスすることが重要**です。

お客様は、あなたに上手なしゃべりなど期待していません。

言い間違えてもいいのです。セリフにつっかえても大丈夫。あせる必要はまったくありません。お客様が興味を持っているのは、話の「内容」なのですから。

3人以上の相手に「プレゼンテーション」をするコツ

◉誰に向かってしゃべったらいいのか？

営業で、目の前の担当者に説明しようとしたとき、そこに別の人も加わってきて複数人を相手にプレゼンテーションをすることになってしまった、という経験はありませんか？

あがり症の私としては、一対一ならまだ何とかなりましたが、相手が何人かに増えてしまうと、とたんに緊張度のメーターが上がってしまいます。

1人なら、その人だけに集中していればいいのですが、他の人もいるとなると、どこに向かって伝えたらいいのかわからなくなるからです。

話している最中に、右の人が首を傾げるしぐさをしたり、左の人が「よくわからない」という感じで腕組みをしはじめたりすると、もう危険信号です。一度説明したことをその人のためにもう一度繰り返したり、よりわかりやすいように、と言い直したりしはじめます。

すると今度は、最初の担当者が「話を先に進めてくれ」という表情になり、どうしていいのかわからなくなって、パニックに陥ってしまいます。

その結果、何を伝えたいのかが自分でもわからなくなって、何も伝わらないまま時間切れになることもしばしばでした。

そこにいる全員に、きちんと話を聞いてもらって、正確に内容を理解してもらわなければならない。そんな、「完璧主義」が出てしまうと、時間切れになりがちです。

たった1人でもつまらなそうに聞いている人がいると、その人ばかりが気になってしまい、伝えたい人に集中できなくなってしまうのです。では、そんなときはどうすればいいのでしょうか。

◉内容に合わせて一対一で話すこと

まず心得ておきたいことは、「人はそれぞれ違う」ということです。同じ話をしても、受け手は感じ方や捉え方が違っていて、まったく同じようには伝わらないものです。当然、リアクションも人それぞれで、大きくうなずく人もいれば、あまり表情に出さない人もいます。

それらをすべて気にしていたのでは、自分も落ち着いて話ができないし、結局みんなにうまく伝わらないことになってしまいます。

そこで、相手が複数いるような状態になったら、まず相手の立場を確認しましょう。

初対面の場合は、名刺交換などをしながら、「失礼ですが、今日はどういう感じにお伝えすればよろしいでしょうか？」などと、誰にどのように話をしたらいいのかを確認します。メインの聞き手は誰なのか？　それを知っておくだけで格段に話しやすくなるし、精神的にも落ち着くことができます。

そして余裕があれば、次のことも確認できればベストでしょう。

決裁者は誰なのか？　くわしい仕様は誰に話すべきなのか？　価格や納期などに関しては、誰に向けて話したらいいのか？　参考までに聞いているという人はいるのか、などです。

複数相手のプレゼンであがってしまうのは、誰に何を伝えるべきなのか、が見えないままましゃべりはじめてしまうからです。するとき言葉に自信がなくなり、「これで本当にいいのだろうか」と気持ちがあせりはじめると、じんわりと汗が出てくることになるのです。

自分の言っていることが、相手に的確に伝わっていると確信できれば大丈夫です。

もし、途中参加してきた人がいたら、そこでもひと言確認しましょう。

「最初からお話ししたほうがいいですか？」

その人が、どの程度重要なポジションにいるのか、を聞くのです。それだけで気が散らずに、プレゼンに集中することができます。

そして、複数の人と話すときに心がけることは、**「一対一を基本」**とすることです。

ただ何となく、みんなのほうに向かってしゃべるのではなく、そのときの話の内容を相手に合わせる感じで、きちんと1人に向かってしゃべるようにします。

商品のメリットなど、購買の判断材料になることは、上司などの決裁権のある人に向かって、またスケジュールや細かい仕様などについては、担当者に向かって話すようにします。

それぞれ個別に話すことで、相手にもしっかりと伝わります。また、表情を見れば、相手がどれくらい理解しているのか、などもわかります。相手にとっても、うなずくなどのリアクションもしやすくなります。また、何よりも自分が落ち着いて話せるようになります。ぜひ、「一対一」を習慣づけるようにしてください。

なぜ、私が400人の前でも話せるようになったのか

◉絶対に人前には出ないと決めていたのに

私が、コンサルタントの仕事をはじめたとき、ただひとつ決めていたことがあります。

それは、**「人前でしゃべらない」**ということです。

セミナーや講演など、大勢の人の前でしゃべるような仕事はしない、と決めていました。

仕事の依頼は、著書やホームページを見た人から声をかけてもらえるようにすればいい、と考えていたのです。何より、人前でしゃべることが嫌だったため、本の執筆などに力を入れていました。

しかし、しばらくするとそれにも限界があると感じはじめました。やはり、直接会ってみたり話を聞かないと、なかなか仕事にまで発展しないことがわかったからです。

それでも、できれば話すことだけは避けたかったので、ＤＶＤなどの映像ツールを作ってみましたが、それも反応はいまひとつでした。

さて、どうしたものかと思っていましたが、仕事もなくお金もなくなってきたので、仕方

なくセミナーを開催することにしたのです。今でこそ、売れる営業マンを世の中に増やしたいなどと言っていますが、当時はお金のためだけのセミナーでした。

もちろん最初のうちは、かなり緊張しながらやっていました。2時間の予定が1時間で話が終わってしまい、何も言うことがなくなったので、そのまま終了したこともあります。

最近ではある程度慣れてきて、手元の資料を見なくても話ができるようになりましたが、それでも神経はぐったりと疲れてしまいます。

参加者の人数も年々増えてきて、先日は何と400人の前で話すことになりました。

あの、授業中に先生から指されたくらいで、汗びっしょりになっていた私が、そんな大勢の人に見つめられながら演壇の前に立つことになるとは、まったく予想もしていなかったことです。

さて、そのときの私の心境はというと……。

◉ただ、ひとつのシーンだけを思い浮かべること

いよいよ今週の金曜日が講演日というとき、私は月曜日の朝から食欲がなくなっていました。食事がのどを通らなくなっていたのです。中学生の頃も、中間や期末テストの前になる

と、決まって体調が悪くなって下痢をしていました。

いくら講師に慣れてきたとはいえ、ふだんは30～40人の前で話すくらいのものです。参加者のそれぞれの顔を、じっくりと見るくらいの余裕はありました。

ところが400人というと、高校のときの同学年の生徒全員が体育館に集まったくらいの人数になります。当然ながら、そんな人数を正面から見た経験などありません。

当日、会場に着いて控え室に通されたとき、緊張はピークに達していました。じっとしていると落ち着かないので、先に会場を見せてもらうことにしました。

すると、もうそこには大勢の人たちが座っていたのです。その席数の多さといったら、体育館どころではありませんでした。


もう、今さらジタバタしても仕方がない。そう思った私は、あるひとつのシーンを頭に思い浮かべました。

それは、今日の講演が終わったとき、400名の参加者たちが大きな拍手をしているシーンです。ホッとした表情で演壇を降りる私。無事に終わった、しかも大成功だった！

私は、営業でも同じようなことをしています。契約をもらって、気分よく帰るシーンをイメージしてから面談に入るようにしています。

「ゴールの成功イメージ」を持ってから、ことに当たるようにすること。そうすると、不思議なほど落ち着くことができて、しかも結果もそのとおりになるのです。

うまくしゃべろうとかミスをしないようにしようとするのではなく、とにかくうまくいったシーンを脳に焼きつけるのです。

その講演の結果はというと、見事に拍手を浴びながら終えることができました。

あがり症の人は、とかく物事を悲観的に想像しがちです。失敗したくない気持ちが、あがりにつながっているため、先に成功をイメージしておくことで、あがる症状を抑える効果があります。

少しくらいあがってもかまわない。それよりも、仕事を成功させることを第一に考える習慣をつけると、よい結果につながってくるのです。

話し上手な人ほど、陰で猛練習をしている

◉本番に弱い人のよくあるパターン

営業トークの練習に、「ロールプレイング」というものがあります。社員同士で、お客様役と営業マン役に分かれて、実戦さながらに商談の練習をするというもので、私はそれが大嫌いでした。本番でもないのに、営業マンを演じなければならなかったからです。

まわりでは他の社員や上司も見ていて、私の言動をすべてチェックしています。もう、それだけで緊張してしまい、とても練習どころではありません。自分では、「こんな練習などしなくても、本番では何とかするから大丈夫」と言って、できるだけ避けていました。

しかし、ほとんど練習をしないままお客様のところへ行っても、結果は当然うまくいくはずがありません。

あなたはいかがでしょうか？　しっかりと練習をしてから物事に臨むほうでしょうか。もしかしたら、ぶっつけ本番でいくことのほうが多いのではないでしょうか。

あがり症の人は、子どもの頃から、人前でしゃべることを極力避ける傾向があります。

つまり、普通の人と比べても、圧倒的に人前で話す経験が足りていないのです。自分がこう言ったら、相手はどんな反応をするのか。うまくいった経験はおろか、失敗体験すらほとんどないことでしょう。ですから、本番になるとさらに緊張して、またあがってしまうのです。

しかも、あがり症の私たちはふだんから、人前でしゃべるということを前提に生活していません。日常の、ちょっとした気づきを誰かに話したいとか、面白いニュースを人に教えたいという気持ちにならないのです。

ここが、おしゃべりな人との根本的な違いで、彼らは常にアンテナを張って人にしゃべるネタをストックしています。それを、飲み会などで使っているのです。いわば、日々しゃべる練習をしているのと同じです。

実は、しゃべり上手な人というのは、かなり練習もしています。

私の知人で、講師の中でもトップクラスでしゃべりのうまい人がいますが、彼なども本番の前には綿密にトークを設計し、カラオケボックスに１人で行って、大声で練習してから臨む、ということです。これでは、ますます差がつくわけです。

それまでは、しゃべりがうまい人というのは、天性の才能だと思っていたのですが、やはりそれ相応に猛練習をしているのです。

◉しゃべっている自分自身を録画する

ところであなたは、自分があがっている姿を見たことがあるでしょうか？　赤面しながら、汗を流して困っている自分自身の顔です。おそらく、そんなものは見たくもないし、想像することすら嫌なはずです。

ある日、私が人前でしゃべっているとき、途中で話す内容を忘れてしまいあがってしまったことがあります。自分でも「失敗したなあ」と思っていたのですが、見ていた人に聞くと、「まったく気がつかなかった」と言うのです。

自分では、かっこ悪いところを見せてしまったという印象だったのに、相手は別に何とも思っていなかったわけです。これは、私にとっては意外でした。

自分では「醜態をさらした」と思っていても、案外見た目ではそれほど変わらないこともあるのです。

そこでおすすめしたいのが、**自分がしゃべっている姿をビデオで撮ること**です。

今では、携帯やコンパクトカメラにもビデオ撮影機能が付いているものが多いので、気軽に撮影することができます。ぜひ、自分がトークの練習をしているシーンを録画してみましょう。

自分がしゃべるときの声や表情、身ぶりなどを、聞き手の立場になって見ることができるし、気になる口グセなども見つけることができます。無理につくった笑顔が、どんなものかも確認しておくといいでしょう。

あがり症は、基本的に人目を意識することから起こります。客観的な視点で自分を見ることは、他人の目線で自分自身を見ることになるのです。

これによって、自分が人からどう見られているのかという不安が減り、もし途中で失敗したと思っても、冷静に立て直すことができるようになります。

自分自身をビデオで撮影するというのは、何も特別なことでもありません。私のまわりのプロ講師は、ほとんど全員がこの練習をしています。自分が、相手の目にどう映っているかというのは、誰でも気になるものなのです。

私も含めて、しゃべりがヘタな人ほど、このような練習をほとんどしていません。ここで、自分の姿を見る習慣をつけておくことをおすすめします。

5章 （習慣④言葉）のまとめ

◎声が小さいときの対処法は？⇩最初に一番遠くの人に声をかけること
◎人を笑わせるのが苦手な場合⇩自分は「人を笑わせる係ではない」と考える
◎どうしてもうまくしゃべれない⇩相手が求めているのは、うまいしゃべりではなく、「話の内容」である
◎複数人相手のプレゼンはどうするか？⇩一対一を基本として、話の内容に合わせて相手を見ること
◎大勢を前にスピーチするときの心構えとは？⇩話し終えた後の「成功イメージ」を描いてから臨むこと
◎あがらないようにするための練習とは？⇩自分がしゃべる姿をビデオで撮ってみる

6章

（習慣⑤ 道具）モノを見せるだけで
あとは黙って待つ

「黙っていられる」時間をつくろう

◉落ち着ける時間は自分でつくれる

営業でお客様との商談中。そこで、ふと訪れる恐怖の沈黙。

ふだんは、むしろ黙っているほうが楽なのですが、仕事のときは逆です。お客様を前にして、黙ってしまうほど苦痛なことはありません。

そこでやってしまいがちなのは、場をつなぐためだけなのが見え見えの、つまらない話題を持ち出したり、商品説明をもう一度最初からはじめてみたり、とにかく何かしゃべらなければ、という気持ちで適当にごまかしてしまうことです。

あなたは、沈黙の嫌な空気を消すためには、しゃべるしかないと思ってはいないでしょうか？

実は、他にも方法があるのです。

しかも、単に場をつなぐだけでなく、商談をゴールにまで導くことができます。それは、**道具（ツール）**を使うということです。

「何だ、そんなことか」と思われた方がいるかもしれません。「そんなものなら、もうとっくに使っているよ」と。

しかし、ツールは私たちあがり症の人にとって、必須のアイテムです。ときには、商談の決め手になってくれることすらあります。

しゃべるのが苦手だった私は、言葉の代わりにツールで伝えるようになって以来、飛躍的に売れるようになりました。営業マンの言葉よりも重いツールの効果を、身をもって感じてきました。

私がおすすめしている**「サイレントセールス」**とは、①必要以上にしゃべらない、②相手にしゃべってもらう、そして③ツールを使う、の3つの柱を基本としています。その柱のひとつを、本章でお話しします。

時代の変化にともなって、営業手法も変化してきています。

「道具」＝営業ツールを効果的に使うことで、自らのあがる頻度を減らし、営業効果を上げるための方法を、この後解説していきます。

相手の「目線」を外すことを心がける

◉じっと見られること自体がプレッシャーになる

「人目を気にする」という言い方がありますが、あがり症はまさにこれです。人の目線がこちらに向いていると、それがプレッシャーとなるのです。

自分が見られているということは、見ている人の意識がこちらに向いているということです。その目は、何かを期待していたり、何かの言葉を待つなど、こちらにアクションをうながす圧力があります。その期待に応えたいけど、うまく応えられない。それが、あがるという身体変化をもたらす原因になっているのです。

目の前の人が、こちらを向いて黙っていたら、もう想像しただけで、耐えられない気持ちになります。

商談で、お客様と向き合っているときもそうですが、大勢の前でしゃべらなければならないときなど、「お願いだから、こちらを見ないで」と言いたくなります。

よく、話をするときには相手の目を見て話しなさい、などと言われますが、それも、私たちにとっては不自然な行為です。どうしても、目線を外してしまいます。目線をどこに持って行くかというと、上でも左右でもなく、下を向くしかありません。

すると、自信なさげにうつむいている、と思われてしまいます。いずれにしても、営業の場ではあまり効果のある行動ではありません。

では、どうしたらいいのでしょうか？

◉人の目を見て話そうとしないこと

まず、相手の目を見て話すことは、そのままあがってしまうことになりかねないため、避けなければなりません。しかも、それが不自然でないようにする必要があります。

私がよくやるのは、**「動きながら話す」**ということです。

たとえば、商談がはじまるとき、お互いにテーブルをはさんで椅子に座ることが多いので、座ってから話しはじめるのが一般的ですが、私の場合は少し違います。

椅子に座る動作をしながら、しゃべりはじめるようにしています。椅子を引いて座る位置をたしかめるために、目線は下に向いています。これ自体は不自然なことではありません。

そのタイミングで話しはじめることで、相手を見ない状態から話をスタートすることができるのです。しかも、とても自然な感じで。

座りながら、「こちらに来る途中で、すごい行列をつくっているラーメン屋さんがあったんですが、有名なんですか？」などと言いながら、最後に少しだけ相手を見るようにすれば、緊張せずに会話をはじめることができます。

また商談中でも、足元に置いたカバンの中を探しながら、「それについては、参考になる資料があります。同業者の方で成果を上げているものですが……」というように、目線をカバンに向けたまま説明をはじめるのです。これも同じく、相手の目を見なくても不自然ではありません。

ここでのポイントは、自分の手元です。手で何かを動かしたり調べたりするときは、そちらを見るのはごく当たり前なので、それを利用するのです。テーブルに置いた資料をパラパラとめくりながらしゃべったり、モノを見せながら説明するのも有効です。

おそらく、無意識にやっている人がいるかもしれませんが、これを意識的にできるようになると、緊張を強いられる場面をうまく避けることが可能になります。

私は、カバンの中を探しているとき、実はもう見つけているのにしばらく探すフリをして、長めに説明することもありました。あまり自慢できる行為ではありませんが、これも落ち着いて商談を行なうための方策です。

さらに応用編として、しゃがんで話すというのもあります。

お互いに立っているときに使いますが、足元のカバンの中を探しながら、立っている相手を見上げる感じで話すのです。これも視線が正面でない分だけ、落ち着くことができるし、相手にとっても圧迫感が消えるようで、気軽に話してくれるようになります。

ぜひ、試してみてください。

いずれにしても、相手の目を見ないで話をしても、不自然にならない行動を心がけましょう。**他の営業マンと同じことをする必要はありません。自分なりのベストな方法で切り抜ければ、しっかりと結果はついてくるはず**です。

ツールは自分の「不安」を取り除くもの

◉持っていると、どうしても使いたくなる営業の悪いクセ

以前、まだ私が営業トークを懸命に覚えようとしていた頃の話です。トークがスラスラと言えるようになるまでに、普通の人よりも時間がかかる私は、家で風呂に入っているときも通勤電車の中でも、ひたすらトークの練習をしていました。

それが、ようやく言えるようになったとき、お客様のところへ行きました。

さっそく、覚えたての営業トークを披露するときです。

私は、ここぞとばかりにしゃべりはじめました。しっかり覚えてきたので、スラスラと言うことができました。暗記してきた漢字が、テストでスラスラと書けたときのように、気持ちよさすら感じていました。

しかし、お客様は途中で私の話をさえぎって、「いや、うちではもう要らないから」と言ったのです。困った私は、それでも最後まで話さなければならないと思い、「すみません。話だけでも聞いてください」と言って続けました。

すると、お客様は怒って席を立ってしまったのです。

今にして思うと当然のことです。相手は「もう要らない」と言っているのに、こちらの自己満足のためだけに話を続けてしまった私のミスでした。

あなたにも、似たような経験はないでしょうか。とくに、しゃべりが苦手なタイプは、せっかく覚えたトークを途中でやめられないものです。それに、最後までしゃべらないと仕事をした気になれないのです。

結果として、相手のことなどおかまいなく、一方通行のトークを垂れ流してしまうことになるのです。そして、これはトークだけではなく、「ツール」にも同じことが言えます。

せっかく苦労して作った営業ツールだから、何としても使いたい。そんな気持ちになるものです。それまでの話の流れなど無視して、唐突にツールを出してしまうのです。これも、営業マンの悪いクセです。

ツールもトークも、必要のないときには使ってはいけません。それでも、私たちあがり症にとって、営業ツールは必要なのです。

◉使わないツールも持っていくこと

とかく心配性の私は、説明を補足するためのツール類を、いつもたくさん持ち歩いていました。大きな営業カバンの中はいつもツールでいっぱいです。同僚が使っていてよさそうなものや思いついたものなども、どんどん追加していきます。しかも、同じことを説明するためのツールが何種類もありました。

そんなにたくさん持ち歩いて、本当に全部使うのか？　とよく聞かれましたが、実際には全部を使うことはありません。ほとんど使わない日もありました。

それでも私は、ツールを減らそうとはしなかったのです。

その理由は、**持っていると安心**だからです。

たとえば、今日は初回面談だから、まだ金額の話にはならないだろうと思って、料金表を持たずに出かけたとします。ところが思いの外、話が進んでしまい、「いくらなの？」と聞かれたとき、料金表がなかったとしたらどうでしょう。

せっかく、トントン拍子にうまくいきそうだったのに、相手の心証を害してしまうことになりかねません。何よりも、相手がほしがっているものをすぐに出せないというのが、私の心を乱します。汗をかきながら、あたふたと言い訳をしている自分の姿も目に浮かびます。

そんな心配をしないためにも、ひととおりのツールを持ち歩くことにしました。するると、客先で商談しているときでも、落ち着いていられる自分に気づいたのです。いきなり、質問されたり資料を求められても、応じることができる。そんな安心感があるのです。

いくつかのツールを持ち歩いていると、その場にピッタリのものはどれかな、などと考える習慣もつきます。誰にでも、同じトークやツールを使っていた以前とは違って、相手に応じて使い分けることができるようになりました。もちろん、使うべきところで使うため、相手の反応も格段によくなります。

まずは、自分自身が落ち着くために、そしてお客様のためにも、ツール類はひととおり持ち歩くことをおすすめします。

営業の言葉だけでは「説得」できない

私が、ツールをおすすめする理由のひとつに、営業マンの「言葉の軽さ」があります。

どんなに真剣に、そして誠実に話をしても、営業マンの口から出てくるセリフの信頼性には限界があるのです。

◉営業マンの言葉は信用されていない

世間は、営業に対して「どうせ、売りたいからすすめてくるんだろう」「いいことばかり言っているのが信用できない」「絶対にだまされないぞ！」というような目で見ています。

これは、あなた自身が誰かに営業されるときも同じではないでしょうか。本人は、お客様のためを思ってすすめていたとしても、相手はなかなか信じてくれません。これは現実です。

なぜ、そうなってしまったかというと、悪質な営業手法が蔓延しているからです。

善良な人のフリをして、相手の弱みに付け込んでだます詐欺の被害は年々増加しています。

そんな世の中なので、誰かがやさしく近づいてきても、まずは警戒するクセがついているのです。

正直な営業マンと仮面をかぶった詐欺師の区別など、ほとんどの人にはできません。

ですから、自分に近づいてくる知らない人は誰であろうとまずは疑うというのが、自分の身を守るための最善策になっているのです。

営業マンは、そのことも十分に意識しておかなければなりません。自分の言葉は信用されていないのだ、と。

それを前提にしてみると、お客様にとって最適な営業手法が見えてきます。

そのひとつが、〝ツールを使う〟ということです。

◉しゃべる言葉をツールに置き換えること

一般的に、営業ツールというのは説明を補う道具と思われがちですが、そうとばかりも言えません。昨今、営業マンの説明する言葉は信用を失いつつあるからです。

そこで、営業マンのセリフの代わりに、営業ツールを使うことをおすすめします。

今まで、口頭での説明ですませていたことを、ツールに置き換えてみるということです。

たとえば、「うちの商品は、他社と比べて3倍長持ちします」と口で説明していたことを、「こちらをご覧ください」と言って、他社商品との比較がわかるグラフを見せるという感じです。

そんなこと、口で言ったほうが楽だろうと思われるかもしれませんが、そのデータの信用度は、ツールを使って見せたほうがはるかに上です。効果を考えると、多少面倒でも資料で見せたほうがいいのです。

このように、言葉をツールに置き換える習慣をつけるのです。

これには、3つの利点があります。

ひとつ目は、**「しゃべり下手の人はうまくしゃべる必要がなくなる」**ということです。ツールで見せることにしてしまえば、わざわざトークを覚えなくても、ツール自体が勝手にしゃべってくれます。

そして2つ目は、相手の気持ちにフォーカスするクセがつく、ということです。

・このグラフは、見てすぐにわかってもらえるだろうか？
・もっと太い字にしたほうがいいかな？
・ここの説明文は長いから、もっと短くしてみよう

といったように、ツールというのは、それを使う場面を思い浮かべながら作っていくもの

です。「こうしたら驚いてくれるかな」など、相手の反応をイメージすることになるため、自然に相手の気持ちに視点が行くことになります。

営業は、いかに相手の気持ちに寄り添うことができるかが決め手になるため、ツールを考える作業はそのよい訓練になるのです。

3つ目は、お客様にとってもわかりやすくなるという点です。言葉だけではイメージしづらいものでも、視覚で得られる情報というのは理解度を高めます。それだけ、商談も前に進みやすくなるでしょう。

言葉を置き換えるツールには、いろいろあります。アンケートやお客様の声、統計資料や新聞記事、インターネットからデータを集めることも可能です。

とくに、あがり症の人や口ベタの人は、できるだけ、しゃべらないですむような商談を心がけましょう。それが、結果として近道になるからです。

視覚と聴覚、さらに「触覚」を使おう

◉ツールを使ったテレアポで起死回生

私が、営業コンサルタントとして独立したのは、独自のアポ取り法を考案したのがきっかけでした。私は新規営業のためのテレアポをするとき、どうしても電話でうまくしゃべることができずに悩んでいました。

そこで、先にＦＡＸで資料を送っておいて、それを見てもらいながら電話をしてアポを取る手法（ＴＦＴアポ取り法）を考えたのです。

当時、倒産寸前だった会社を、これで建て直すことができました。その後、この手法をＤＶＤで発売してヒットし、後に書籍にもなりました。

思えば、これもツールを使った営業でした。

それまでは、電話のみ（聴覚のみ）で情報を伝えながらアポイントを取る手法が主流でしたが、「電話とＦＡＸ（視覚をプラス）を使って同時に情報を伝えると、その情報伝達のスピードの速さに、われながら驚いたものです。

声だけでアポを取ろうとすると、こちらの会社の説明をして、商品の説明をして、特徴やメリットを伝えるなど、とてもたくさんのセリフが必要になります。

それをＦＡＸで補うと、「うちは、こんな会社でこんな商品を扱っていますが、いかがでしょうか？」という程度ですむのです。

電話でのセリフも、従来の１００分の１にまで減らすことができ、口ベタの私にはまさにピッタリの手法でした。

これももとはと言えば、自分がしゃべるのが苦手だったため、言葉の代わりに別の方法で伝えることはできないか、と考えた末の産物です。

もちろん、これはふだんの営業でも使うことができます。自己紹介をするときなども、用紙を１枚渡して、「私はこのような者です」と言って、見てもらうようにしていました。何よりも、自分に合ったやり方だったため、営業でのストレスが激減しました。

視覚と聴覚を使うと、とても伝わりやすい説明になります。それに加えてもうひとつ、「触覚」を使うと、よりパワフルなプレゼンができるようになります。

◉相手にモノを持たせてみること

これは、メーカーなど、実際のモノを扱っている営業に最適です。営業時に、資料だけでなく現物を見せるのです。

以前、私は精密測定器メーカーで営業をしていました。その商品は大きかったため、持ち歩いて、営業先に見せることができませんでした。そこで、私は中味を分解して、精密な磁気を帯びた棒を持ち歩くようにしていました。見た目はただの針金です。

これを、商談時に相手に手渡しながら、「この金属の棒に細かく磁気を刻んであります」と伝えていました。

もちろん、目で見ただけではわかりませんが、それを手渡すことで、相手はその棒をじっくりと見てくれます。それだけで、何となく精密なものだということが伝わります。

このように、**現物やその部品などがあるなら、ぜひそれを持ち歩くようにしてください。**見ただけではわからない状態でもかまいません。「手渡す」ということに意味があるのです。

商品の手触りや重さを「触感」として情報を与えることで、相手に別の角度で商品を見せることになります。それを、相手がじっと眺めている間、営業であるあなたはただ黙って見ていればいいのです。これは、先方が沈黙しそうな場をつなぐときにも有効です。

そこで、「いかがですか?」とか「意外と軽いでしょう?」などの質問を投げかけると、相手は素直に応対してくれます。お客様は自分の手に持ってしまった以上、あまり冷たい態度が取れなくなるのです。

さらに言うと、相手に商品を持たせることで、商談を終わりにできない雰囲気もつくることができます。そのままでは、相手も「帰ってくれ」とは言いづらくなるからです。

このように、相手の聴覚以外にも伝える手段がある、ということを覚えておいてください。商品によっては、「味覚」や「臭覚」など、使えるものなら何でも使いましょう。

比較して選んでもらうのが営業の基本スタイル

◉お客様が決断するときの思考とは

突然ですが、あなたは缶コーヒーが飲みたくなったとします。コンビニに行ったのですが、なぜか1種類のコーヒーしか置いてありません。とくに、その銘柄が嫌いというわけではないのですが、そのときあなたはどうしますか？　ちょっと買いづらいはずです。

いつもは無意識に「選んで」いるものが、選べない状況になると「買わない」という選択肢がクローズアップされてきます。人はモノを買おうとするときに、選んで買うクセがついているからです。

これは、似たような商品が市場に溢れているのも原因です。あなたが扱っている商品にも、おそらく競合がたくさんあるはずです。もし、競合がまったくない独占商品だとしたら、このような営業本は読まないはずです。

ほしいものがある。しかしいろいろな種類があるから、それらをきちんと比べて、できるだけ安くてよいものを買いたい。これには、長びく不況で経済的なゆとりがなく、絶対に失敗しない買い物をしたいという気持ちが含まれています。ある意味で、お客様は慎重になっているのです。

商品の価格を比較するウェブサイトや大型家電店などが好調なのは、そのようなお客様の「たくさんの中から選んで買いたい」というニーズにマッチしているからです。

人は、ひとつの商品だけを見せられて「これを買ってください」と言われても、即決することはできません。ですから、営業マンからすすめられた商品というのは、どうしてもその場では決めにくいのです。

営業の立場で見てみると、ひとつの商品を強引に押すことができないタイプは、いくつかの商品を選んでもらうようにすればよい、ということです。**あらかじめ選択肢を用意して、それを並べて相手に選ばせるのが、これからの営業の基本スタイルになるでしょう。**

◉あなたの扱う商品群の専門家になること

あがり症の営業マンは、はっきり言って、そのままでは普通の営業マンに勝つことはできません。いくら上手にしゃべる練習をしてみたところで、たかが知れています。ですから、他の勝てそうなジャンルで戦うしかありません。

そこで、あなたが扱っている商品群についての専門家をめざすことをおすすめします。自社商品はもちろんのこと、ライバル社の商品まで、熟知している存在になることです。

お客様は、選ぶことができないと、その場で決めてくれることはありません。ということは、その場で選べる状況にしてしまえば、即決してもらうことができるはずです。

あなたが調べた、他社商品との比較一覧を見せながら、お客様の要望に沿った商品を3つ提案します。その中には、他社商品も入っています。そうして、選択肢を与えて選んでもらうようにしてみるのです。

すると、どうなるでしょうか？

たいていの場合は、あなたの商品を選んでくれるのです。たとえ、その金額が高くても選ばれる率は高くなります。

その理由は、多少高くても、お客様は〝専門家〟であるあなたから買いたいからです。

お客様は、どうしてもその商品でなければダメ、というケースはそれほどありません。最低限の機能と許容範囲の金額なら、ある意味どれでもいいのです。そんなときの選択基準は、「気持ちよく買い物をしたい」ということになります。

ということは、いろいろな他社商品のこともくわしく知っているあなたを選ぶことで、その気持ちを満足させることができるはずです。

こうして、ライバル他社の営業マンよりも頭ひとつ上の存在になることで、競合商品に勝つことができます。たとえ、**あなたがあがり症で口ベタな営業マンだったとしても、お客様は商品の専門家を信頼することでしょう。**

人に勝てない部分を、がんばって克服するのもけっこうですが、まずは人に勝てそうな部分に時間と労力を使うべきです。上手にしゃべる練習よりも、誰にも負けない知識を習得する習慣をつけましょう。

「まずは、売れる営業マンになること」――それが社会人としての正しい道です。

6章（習慣⑤道具）のまとめ

◎落ち着いて話せる時間をつくるには⇩営業ツールを効果的に使う
◎相手の目線が気になってあがってしまうとき⇩動きながら話すなど、相手の目を見ないで話しても不自然ではない行動をとる
◎ツールを持って歩くもうひとつの意味とは？⇩持っているだけで安心できるから
◎営業マンの言葉は信用されにくい⇩トークをツールに置き換える習慣をつけること
◎五感を使って伝えよう⇩聴覚だけでなく、視覚、触覚などを使うと効果的
◎あがり症の営業マンが勝つためには⇩その分野の専門家となって、自分自身が選ばれる存在になること

7章

（習慣⑥ 認知）自分の本当の姿を自他ともに認める

さて、いよいよ最後の習慣「認知」の章です。しかし、ここが一番難しいかもしれません。それは、今までずっと長い間認め続けてきたことを否定することになるからです。

自分があがり症であることを認めた瞬間

◉コンプレックスを認める勇気を持とう

私は約40年間、「あがり症」ということを人に隠してきました。正確には、〝隠そうとしてきた〟のです。人前では、がんばって気丈に振る舞おうとしたり、行きたくない飲み会にも我慢して出かけていました。

あがり症、ロベタ、人見知り、そして内向的な性格。これらは、世間的にはすべてマイナス要因と思われています。〝人前で、明るく陽気になれるほうがいい〟というのは、いわば常識となっています。

学校でも、先生などからは、「もっとみんなとしゃべりなさい、もっと積極的になりなさい」と言われ続けてきました。しかし、それができない自分自身に強い劣等感とコンプレックスを持ち、それを心に抱えたまま大人になったのです。

ここまで読んできたあなたも、少なからずコンプレックスを隠し持っているのではないか、と思います。世間で言うところのマイナス要因を持っていることは、人に知られたくありません。知られてしまうと「ダメな人間」と思われると信じているからです。

その隠してきたコンプレックスを表に出しましょう、というのがこの章の主旨です。

「そんなこと、とんでもない！」と思った人もいることでしょう。当然です。

私自身、人生の大半において、そのことを隠し続けてきて、つい最近になって表に出したのですから。しかし、そんな私だからこそ言えるのです。もっと早く出せばよかった、と。

自分はあがり症だ、と認める**(認知)**のにはたいへんな勇気が必要です。それを、まわりの人に公表するのは、もっともっと勇気が必要です。

しかし、それを乗り越えたとき、すべての悩みが解決します。営業で売れないことも、社内での居心地が悪いことも、異性とうまく話せないことも。

勇気を出してみるとどうなるのか、それをこれからお話ししていきます。

よく見せようと「かっこつけない」

◉あなたが、背伸びをしていることはバレている

お客様に、自分は〝できる営業マン〟だと思われたい。少なくとも〝ダメ営業〟だとは思われたくない。そんな気持ちは誰にでもあります。

とくに、心の中にコンプレックスを隠し持っている人は、そんな気持ちが強いようです。ついついというか、習性のように、自分自身をよく見せようとしてしまいます。

明るくハキハキとした人間。いつも笑顔の営業マン。断られても怒られてもへこたれない、太い神経の持ち主。私自身かなりムリをして、そのような人間であることを演じてきました。しかし、はたして本当によく見せられていたのでしょうか。

お客様というのは、自分以外にもいろいろな営業マンと日々接しています。信頼できる営業マンとそうでない人の区別もしているはずです。営業マンが、小手先のテクニックを使ったとしても、すぐに見抜かれてしまいます。いわば、お客様は営業を見極めるプロなのです。

そんなお客様を相手にして、自分の本来の姿を隠し続けることなどできません。無理した

笑顔などは、一瞬で見破られるのです。

ああ、この営業マンは背伸びをしているなあ、と相手は思っています。もちろん、優しく見守ってくれる人もいますが、多くは「この営業マンとは本音で話せないな」と一線を引いてしまいます。そうなると、お客様と信頼関係を結ぶことはできません。

営業なら、営業らしく振る舞わなければならない、と思ってしまいがちですが、そもそも〝営業らしさ〟とは何でしょうか。さらに言うなら、営業らしくすれば成績は伸びるのでしょうか？

答えは「ノー」です。それは、あなた自身もわかっているはずです。自分が無理な態勢でいたのでは相手は違和感を持つし、何よりも長続きしません。

ですから、**昔ながらの「営業らしさ」を演じることを、まずやめてみるのです。**

では、そのためにはどうすればいいのでしょうか。

◉自分が一番楽な姿でいること

たとえば、あなたが一番リラックスしているときは、どんなときでしょうか。

・1人で本を読んでいるとき

・仲のいい友人と一緒にいるとき
・喫茶店でコーヒーを飲んでいるとき
そのとき、あなたはどんな表情をしているでしょうか。つくり笑いなどしていないはずです。頬の筋肉に力が入っていない、素の顔をしていると思います。

その顔を、鏡でじっくりと眺めてみてください。

あなたが営業に行くときは、その顔で行くのが一番なのです。


緊張感は相手に伝染します。あなたが、こわばった表情で客先に行けば、相手にもその緊張感が伝わります。商談の場の空気が重くなるのは、そのお互いの緊張からくるのです。

営業を迎える相手というのは、ただでさえ警戒心を抱えているものです。隙を見せたら、何か売り付けられると思って、心の内を隠している状態です。

そんな相手に対して、こちらも緊張して行ったら、最初から大きな壁が目の前にあるようなものです。お互いの会話もギクシャクしてしまうのは当然です。

そのような状態をなくすためには、無理に作った笑顔で行くよりも、あなた自身がリラックスして臨むべきなのです。

リラックスして行くためには、もうひとつ大事なことがあります。「この商談は絶対に決めてやるぞ！」とか「ここで売上げを上げないとまずい」などと思っていると、よけいな力が入ってしまいます。

商談というのは、絶対に受注しなければならない場ではありません。あなたとお客様との間で、お互いにメリットがある関係になれるかどうかを確認する場です。どちらか一方にメリットがなければ、それは商売にはなりません。

ですから、商談に臨むときの心構えとしては、相手のニーズとこちらの商品がマッチするかどうかをたしかめよう、というぐらいでいいのです。変に力が入ってしまうから、相手もガードを高くするのです。

お客様と接するときには、〝営業らしく〟ではなく、〝自分らしく〟していきましょう。

ムダなかっこをつけないことこそが、信頼を得る近道なのです。

「私はあがり症です」と最初に言ってしまおう

◉あなたがあがり症であることは、みんな知っている

自分らしくするということは、あがり症の人はあがり症らしくするということです。

言い間違いではありません。これでいいのです。「あがり症であることも含めて」、すべてがあなたなのですから。

はっきり言いましょう。あがり症を克服したいという気持ちはわかりますが、それは簡単なことではありません。もしかしたら、一生かかるかもしれません。その間の努力や時間も膨大なものになるでしょう。

そうして、やっとあがり症を克服できたとしても、せいぜい人並レベルです。

もうひとつ言うと、たとえあがり症が消えたとしても、それだけで営業成績が上がるわけではありません。人前であがってしまうから売れない、と思いがちですが実は違います。**売れる営業になるためには、別のスキルが必要**なのです。

さらに、少々残酷なことを言いましょう。**あなたがどんなに隠そうとしても、あなたがあがり症だということは、まわりのみんなはもう知っています。**知っていて気づかないフリをしているのです。もちろん、お客様もとっくに気づいています。

なぜ、気づかないフリをしているかというと、あなたが隠そうとしていることがわかっているからです。当人が隠したがっていることを、ことさら指摘する人はいません。

ですから、あなたの前では、「あがり症」に関する話題は禁句となっています。

あなたとまわりに、妙な隔たりがあると感じているなら、この禁句の存在こそが原因です。

相手があなたに対して気楽に接しようとしても、触れてはならない部分があると、どうしても壁ができてしまうのです。

では、その壁を取り払うにはどうしたらいいのか？

それが**「あがり症宣言」**です。

◉「あがり症宣言」をしよう

あなたが、自分でまわりの人に「私はあがり症です」と言ってみるのです。これが、そう簡単なことではないというのは、私自身もよくわかっています。

わかったうえで、あえて言います。１日も早く、「あがり症宣言」をしてしまいましょう。

いきなり、まわりの人全員にそれを言うのは、さすがにハードルが高いので、まずは初めて会うお客様に言ってみるのです。

「私は、実はとてもあがり症なので、途中で緊張してしまうかもしれませんが、よろしくお願いします」このように、最初に自分で暴露してしまうのです。相手は初対面の人なので、〝旅の恥はかき捨て〟という気持ちで、思い切って言ってみましょう。

最初は勇気が必要ですが、やってみると案外、相手の反応は悪くないはずです。むしろ、好印象を持ってくれる人のほうが多いようです。つまり、**「素直で正直な人」**と思われるからです。

何よりも、言った当人が変わります。見栄を張って、「できる営業マン」を演じていた頃と比べると、はるかにリラックスできて気持ちも落ち着きます。

もう、相手にも自分があがり症だということがわかっているため、それを隠す必要もありません。**少しくらい言い間違えても、言葉に詰まってしまっても、あせらなくなるのです。**

当然、自分自身をよく見せようとする必要もなくなります。

まるで、**自分をよく知っている友人といるように、冷静に商談に集中できるようにな**

るはずです。

こうして一度、あがり症宣言をした効果を実感してみてください。きっと、あなたが思っているほどのマイナス効果はないはずです。むしろ、プラスに作用することに驚くことでしょう。

それから少しずつ、あなたの家族や友人、そして社内の人やなじみのお客様に伝えていきます。おそらく、それを聞いた相手は、別段驚くことはないはずです。そんなことは、もうわかっていることだからです。

これは、まわりの人とのコミュニケーションを円滑にするだけではなく、本当に営業成績を上げる秘訣でもあるのです。

売れる営業マンに共通しているものとは

◉なぜ、こんなおとなしそうな人がトップ営業なのか

私はかつて、大手ハウスメーカーの各支店のトップ営業マンに取材をしたことがあります。全国の店舗に行って、彼らに会うとときどき驚かされることがあります。

ある支店に行ったとき、応接室で待っていると、いかにも気が弱そうな人がお茶を持ってきてくれました。当然私は、新人かなと思ったのですが、その人はそのまま私の前の席に座ってしまったのです。意外そうな顔をしている私に、彼は「よろしくお願いします」と言って、そっと名刺を差し出しました。何と、その見た目はとてもトップ営業とは思えないその人こそ、その日の取材相手だったのです。

各支店をまわると、そのような経験は何度もしていました。

住宅というのはとても高価な商品です。それを売る営業マン、しかも一番売る人というのは、さぞかし強い〝売りたいオーラ〟が出ている人だろうな、という私の思いは、みごとに打ち砕かれてしまいました。

もちろん、なかには明るく元気なタイプもいます。しかしひととおりまわってみてわかったことは、トップ営業のタイプはさまざま、ということでした。

物静かな人もいれば、ハキハキした人もいます。口ベタな人もいれば、いつも笑顔の人もいます。言ってしまえば、どんなタイプでもトップ営業になることができるのです。

もちろん、それはあなた自身にも当てはまることなのです。

◉自分がリラックスできるように工夫すること

インタビューとはいえ、仕事は仕事です。やはり、きちんと相手のよさを引き出して、それをしっかりと文章にしなければなりません。その意味では、私はかなり緊張してその場に臨んでいました。

しかし、話をしているうちに、私の緊張はどんどん解けていくのがわかったのです。いつの間にかお互いにリラックスして、楽しく話をしていました。まるで仲のいい者同士で、お酒を飲んでいるときのような感じです。

私もズバズバと質問できたし、相手もうれしそうに答えてくれました。予定していたインタビュー時間も、あっという間に過ぎてしまいました。

お互いに、気持ちのいい時間を過ごすことができて、しかも内容の濃い話を聞くことができました。もちろん、よい記事になったことは言うまでもありません。

当時の私は、取材するのに懸命で、そこまで見る余裕はありませんでしたが、あとで思ったことがあります。

それは、トップ営業マンの人たちはみんな、「その場の雰囲気づくりがうまい」ということです。初対面なのに、すぐにリラックスして話ができるようになったのは、すべて彼らのおかげです。

そのために何をしていたかというと、それは人それぞれでした。軽い雑談から入る人もいれば、静かにこちらが切り出すのを待っている人もいます。「どんなお仕事ですか？」と、逆にこちらに質問してきた人もいました。

おそらく、みなさん独自のパターンがあるのでしょう。

もちろん、あのお茶を出してくれた営業マンも同様で、おとなしい性格だということを全身で表現しながら、言葉少なに接してくれました。決して無理をして明るく振る舞おうなどとはしないところが、かえって信頼できる雰囲気を出していました。

そのなかで、ひとつだけ共通点をあげるとしたら、それは、彼ら自身がリラックスしていたということです。堅くなっている人は誰もいませんでした。みなさん自然体で、こちらに応対してくれていたのです。

相手にリラックスしてもらいたいときは、まず自分自身がリラックスして接することです。

そうすれば、仕事の話でも何でも楽しくできるのだ、ということを学びました。

インタビューが終わって帰る頃には、私の心に「こんな人が担当者だったら、気持ちよく家が建てられるだろうなあ」という思いが残りました。

あがり症の「エピソード」を笑い話にする

◉あなたのマイナス経験は「宝物」

前にもお話ししましたが、私は高校2年から3年生にかけて、病気で入院をしたことがあります。ネフローゼという腎臓の病気で、ちょうど100日間も病院のベッドの上にいました。退院してからも安静が必要だったため、授業も休みがちで、運動もできずに友人と遊ぶことも制限されていました。場合によっては死に至ることもある病ですが、私は運よく完治することができました。

ただ、高校生活の後半は暗いものでした。

入院時にお見舞いに来てくれた同級生たちが、笑いながら病院を出て行くのを、病室の窓から見下ろしていると、悔しさがこみ上げてきます。

「どうして、自分だけこんな目に遭うのだろう」

クラスのみんなは、何事もなく元気に過ごしているのに、私だけがハズレくじを引いてしまったような気分でした。

当時は最悪だと思っていましたが、今ではそうは思いません。そのときの経験は、自分だけのエピソードになっているからです。

この話を聞いて、似たような体験をした人には、とても共感を得ることができるでしょう。病気をしていない人が、「病気ってたいへんだよ」と言うより、私のように体験した人が言ったほうが、はるかに説得力が出ます。自分が経験してきたことというのは、話に重みを与えてくれるのです。

あなたが過去にマイナスの経験をしているなら、それは大きな宝物です。病気や悲惨な体験というのは、誰も好んでしたくないものです。そして、多くの人はそれらを経験することなく過ごしています。しかしその体験は、貴重な財産と言えるでしょう。

「子どもの頃はあがり症で、授業中にいきなり指されると、顔が真っ赤になって全身汗だくになっていました」

これは、私がセミナーなどでの自己紹介で最初に言っているセリフです。こんな人間でも、やり方さえ工夫すればトップ営業マンになれるんだ、という前フリとして使っていて、とても重宝しています。過去のマイナスの経験が、今に生きているのです。

◉あがり症体験で、ラクに「笑いを取る」方法

自分は、あがり症であることを認めてまわりにも公言してしまうと、とても楽になるとお話ししてきました。そのように、自他ともに認めるあがり症になると、さらに新しい能力が使えます。それは、**「笑い」を取ること**です。

よく、お笑い芸人が昔の体験などを、自虐的に話しているのと同じことができるのです。

「まわりの人と話をしたくないときは、缶コーヒーの表示をジッと読むフリをしている」

「ケンカしてもその場で言い返せなくて、家に帰って壁を殴ったら骨折した」

これは、そのまま使ったら、ただの変人になってしまいますが、人見知りだということをみんな知っている状態で使うと「笑い」になるのです。

私が、よくやる例をあげましょう。

飲み会の乾杯の音頭をさせられたとき、

「ではみなさん、今日はできるだけ静かーに飲みましょう。かんぱ〜い！」(笑)

ふだんから無口な私がこれを言うと、確実にウケます。自虐ネタですが、ある意味で私しか使えないものです。

急に話を振られたときも、

「あまりしゃべり過ぎると早死にするらしいんで、もうこれ以上はしゃべれません」

「今日は１人で飲みに来たんだから、話しかけないでください」

こんな感じで返します。

あがり症ネタなら、

「乾杯の前から赤い顔になっちゃってますけど、とりあえずかんぱ〜い」

「今日はたくさん汗をかきました。明日は風邪で休むかもしれないので、よろしく」

私たちが、飲み会の席などで笑いを取る唯一の方法だと思っています。

ここまでになると、今まで苦手だった人付き合いや飲みの席も、ストレスなく参加することができます。

自分の弱点を堂々と言える人は、意外とかっこいい

◉弱みを見せるほど共感を呼ぶ

私は昔、偉人の伝記が好きでよく読んでいました。その人の半生や考え方などから学ぶものがたくさんあるからです。ところが読んでいると、それらの伝記中にある共通点を見つけました。

それは、**必ず不幸や失敗談が入っている**、ということです。子どもの頃は劣等生でまったく勉強ができなかったのに、後にノーベル賞を取ったとか、破産して大きな借金を抱えたが、そこから奮起して大富豪になった、などです。

おそらく、読み物として面白さを感じるのは、そのあたりがポイントなのかもしれません。意外性や人生のギャップがあるからこそ、ストーリーとしても面白いし説得力も出てくるのでしょう。

これは、何も偉人だけに通用することではありません。私たち一般人にも、当てはめることができるのです。

いかにも優秀な人が、ある工夫をして営業トップになったというのと、いかにも営業に向いていない人が、ある工夫をして営業トップになったのとでは、どちらの工夫を聞いてみたいでしょうか？　おそらく、後者ではないでしょうか。

それは、「営業に向いていない人」のほうが、聞く側にとって身近な存在だからです。親近感が湧き、自分でもできるかもしれないと思わせてくれるからです。

マイナスからプラスに転じると、共感を与えながら感動も与えることができます。

「私は極度のあがり症で、人と面と向かって話をすることができないタイプです。それでも、信頼していただいているお客様のおかげで、トップ営業になることができました」

お客様の立場で、こんなセリフを聞かされたら、「この営業マンにお願いしたい」と思ってしまうはずです。こんな営業マンになることを、めざしてみてはいかがでしょうか。

すでに、あなたには「あがり症」というマイナスポイント（一般的な見方として）を持っています。これを有効に活かせば、もうストレスもなくなります。

◉営業は「素直で誠実」であれば売れる

自分の欠点や弱点を人前で堂々と言える人は、とてもかっこいいものです。その欠点自体がかっこ悪いと思われていたとしても、それを言っている本人はかっこよく見えます。自分に素直であるという魅力でしょう。

あがり症の人の特徴としても、「かっこを気にする」という点があります。しかし、気にしすぎている人ほど、あまりかっこいいとは感じません。過去の私が、まさにそうでした。

本当の自分を隠そうと、表面的に見栄を張って、自分をよく見せようとすればするほど、逆にイメージはどんどん落ちていきます。

本当のかっこよさというのは、その人の内面から出てくるものです。

営業でも何でも、そういう人と付き合いたいし、相手も心を開くものです。

自分が、いかに素直で誠実な人間かを伝えるのに一番早い方法は、**自分のダメな部分を堂々と言ってしまうこと**です。

言葉で何百回、「私は正直です」と言うよりも、**ただ一度だけ「私は極度のあがり症です」と伝えたほうが、素直さをアピールすることができます。**

営業マンとして欠かせない資質は、まさに「素直、誠実さ」です。ウソを言わず、お客様のことを真剣に考える営業マンだということを伝えることこそ、売れる営業マンへの近道なのです。

大事なことなので何度も言いますが、あなたはすでに、世間ではダメだと思われているもの（あがり症）を持っています。もちろん、本当の意味でダメではないということは、もうおわかりのはずです。あとは、それを堂々と言うだけです。

「私は、子どもの頃からあがり症で、すぐに緊張してしまうんです」

そんな素直なひと言を、自然に言えるようになれば、あなたの評価は一瞬で上がります。

そしてこれこそが、あがり症営業マンが売れるようになるための秘訣です。自分自身をリラックスさせながら、相手に信頼感を与えること。その状態を作ることさえできれば、あとはいつものとおりでいいのです。この壁を乗り越えることができたとき、あなたの目の前は大きく開けることになるでしょう。

7章（習慣⑥認知）のまとめ

◎営業らしく見せようとしないこと⇩自分らしく見せるのが一番
◎「あがり症宣言」をしよう⇩自分もラクになるし、まわりもラクになる
◎売れる営業マンに共通するものとは?⇩自分も相手も、リラックスできる場づくりがうまい
◎あがり症の人が笑いを取るためには?⇩あなたがあがり症だとみんなが知っていれば、自虐ネタとして笑える
◎素直で誠実な営業マンと思われるためには⇩自分の欠点を素直に言ってみること

終章

あがり症でも、楽に売れる営業マンをめざそう

自分よりも「相手」を第一に考えよう

さて、いかがでしたでしょうか。ここまでお話ししてきた習慣は、簡単なものもあれば難しいものもあるでしょう。一度に全部をやれとは言いません、まずはひとつでもいいのです。それが習慣化することができれば、将来に向けての底上げになります。

ぜひ、これならできそうだというところからはじめてみてください。

◉誰も、あなたのことなど気にしていない

これまで何度も言ってきましたが、あがり症の人があがる原因のほとんどは、他人の目が気になるところです。

人からどう見られているかが気になり、悪く見られないようにしたいと望み、それがうまくできない、もしくはできそうもないとわかったときに、体があがる反応をしてしまうのです。自意識過剰や自尊心の強さも手伝って、ちょっとしたことでもあがりやすい体質の持ち主。それがあがり症です。

しかし冷静に考えてみると、人は、それほど他人のことになど関心がないことに気づくは

ずです。
あなた自身もそうではないでしょうか。気になる人なら別ですが、とくにどうでもいいと思っている人のことを、四六時中気に止めたりしていないはずです。その人の行動など、いちいちチェックしないはずです。

人が、本当にどう見ているかということよりも、人に見られることを意識しすぎること自体があがりを生んでいるのです。

人は、あなたが思っているほど、あなたのことなど気にしていません。

これが真実です。めだちたいと思っているならともかく、むしろ、めだつことを避けている人に、誰も注目などしていないのです。見られていると思っているのは、自分だけです。
ですから、もう少し気楽にいきましょう。肩の力を抜いていいのです。
そのうえで、視点を変えていくのです。

◉行動基準のすべてを「相手のため」にシフトする

営業は、いかに営業らしくかっこよく振る舞うか、ということではないということは、もうおわかりいただけたことと思います。そうです、人目を気にしても売上げにはつながらないのです。

売れる営業になるためには、視点を相手にシフトすることです。

・お客様は、何を求めているのだろうか？
・お客様は、何に悩んでいるのだろうか？
・今は緊張しているようだから、少し場をやわらげたほうがいいな
・今はじっくりと考えているようだから、もう少し黙っていよう

自分の気持ちではなく、相手の気持ちに焦点を当てるのです。

一度に変える必要はありません。少しずつでもいいので、**今まで自分に向けていた意識を相手に向ける習慣をつけていってください。**


元々人の気持ちに敏感なタイプが多いあがり症の人なら、むしろ得意なジャンルだと思います。あなたのデリケートな神経を、ここで発揮してください。

そうして、「相手のため」に意識をシフトできるようになると、自然に自分の見え方への意識の度合が減ってきます。そうすれば、あがる頻度も減るというわけです。

このように、お客様としてもうれしいし、自分自身も楽になるという一石二鳥を狙いましょう。

お客様が最後に選ぶのは、説明の上手な営業マンではありません。

いかに、お客である自分のことを、心底考えてくれている営業マンかどうか、という一点です。

お客様は、上司に怒られるから売上げを上げたいとか、自分のノルマを達成するためにお願いしてくるような、自己中心的な営業マンを最も嫌います。

ということは、あなたがあがり症だろうが何だろうが、お客様には関係がないのです。

あなたが意識するのは、「私は自分の利益ではなく、あなたのためを考えていますよ」ということを、いかにしてお客様にわかっていただくか、ということです。

言葉で伝えるのが苦手なら、ツールを使ってもいいでしょう。これだけ準備してきましたと、黙って資料を見せてもいいのです。

ぜひ、**「相手から見た自分」ではなく、「自分から見た相手」に意識をシフトする習慣をつけるようにしてください。**

あがり症という個性を「武器」にする

◉あがり症でなければ、あなたはただの人

あなたはおそらく、まだあがり症であることの「メリット」を実感していないはずです。ずっと、デメリットでしかないと思ってきたのですから、それは当然です。では、あなたからあがり症を取り除いたらどうなるでしょうか。乱暴な言い方ですが、あなたはただの人になります。

あがり症であるという事実は、もはや変えることはできません。恥ずかしかろうが、かっこ悪かろうが、それも含めて、すべてあなたという人間なのです。だとしたら、それを一度認めて受け入れてしまってはいかがでしょうか。むしろ、人にはない個性を持っているのだと。

私は、あるときから考え方を変えました。

「あがり症というのは、生まれつきの体質のようなものである。体質だから変えられない。そして、体質だからいいも悪いもない」というように、です。

背が高いからよいとか、背が低いから悪いなどという基準は、どこにもありません。それは体質で、仕方のないことだからです。

だから同じように、あがり症というのも体質だと考えたらどうでしょうか。単に、普通の人よりもあがりやすい性質だとしたら、それはマイナス要因というよりも「個性」と言えるのではないでしょうか。良し悪しではなく、単純に人とは「違う」だけです。

そのような考えに行き着いたとき、私は目の前がパッと明るくなりました。今まで、自分は「悪い」と思っていたことが、そうではないとわかったからです。

悪いと思うから隠してきたことを、「もう隠さずに堂々と表に出してもいいんだ」と思ったのです。

私は自身の著書『内向型営業マンの売り方にはコツがある』（大和出版）で、それを公表しました。いかに自分が、あがり症で口ベタな人間かを包み隠さず書いたのです。

◉マイナスだと思っていたことこそ「強み」になる

もちろん、恐怖もありました。こんなことを、世間に公表してしまって大丈夫だろうかと。

しかし、そんな心配は一瞬で消え去りました。これを読んだ読者や企業から、熱い感想や仕事の依頼が殺到したからです。**それまで、マイナス要因でしかないと思ってひたすら隠してきた「内向型」を表に出したとたん、それは「強力な武器」に変わってくれました。**今では私の代名詞ともなっていて、名刺やホームページにも堂々と大きく書いています。

雑誌やテレビ、ラジオなどでも頻繁に取り上げられて、それが宣伝となってくれるため、営業する必要もなくなりました。

振り返ってみると、もし私が内向型の性格にコンプレックスを持っていなかったら、今の私はありません。私が、ごく普通にしゃべれる人間だったらと思うと、正直ゾッとします。

このように、まわりの人にも認知されるとどうなるでしょうか。

バカにされる？　いえいえ、決してそんなことはありません。それよりも、むしろ今まで感じていた人との壁が消えてなくなったのです。

「渡瀬さんって、ほんとにしゃべらないんですね〜」

「あれっ？　今日は意外としゃべるじゃないですか」

などと、厭味ではなく言ってくれます。これらは、今まで私に対しては禁句となっていた言葉ですが、何の気兼ねもなく話題にされるようになりました。

まさに、**人との見えない壁が崩れた瞬間です。**

私が、仮面を脱いで素の自分を見せたから、まわりも認めてくれたのでしょう。

今では、それまで苦手だった大勢での飲み会でも、堂々と黙っていることができます。何せ私は、自他ともに認める無口な人間なのですから。

まわりの人も、しゃべらない私に気を遣って、無理に話しかけてくるようなこともありません。私の役割は、しゃべらないキャラクターでいることで、それが普通の状態になるのです。気疲れもしなくなりました。


あなたは、すでに立派な武器を持っています。それは、他の人が持っていないものです。これは、決して慰めでも何でもありません。

「個性」という、あなただけのものを活用すれば、仕事もプライベートでもストレスを感じることがなくなります。ここまでくると、もう「あがり症を克服しよう」などとは思わなくなります。ぜひ、あなたの武器を有効に使ってください。

そして、いつの間にかあがらなくなっていた

では、いよいよ最後の項です。本書は営業マン向けの本ですが、営業のテクニック的なことはあまり書きませんでした。

それは、売れるようになるためには、うわべのテクニックやノウハウを覚えるよりも、もっと大切な近道があるからです。

◉売れる営業マンになることだけをめざそう

あがり症や口ベタ、内向的な営業マンが売れない理由は、ただひとつです。

仮面をかぶって、お客様と接しているからです。

しゃべりがヘタだからとか、すぐにあがってしまうからではありません。本当の自分を隠して、プロの営業のように見せようとしているからです。

前にも言いましたが、お客様は営業マンを見るプロです。あなたのヘタな演技など、簡単に見破ってしまいます。自分をごまかして、仮面をかぶって近寄ってくる営業マンに対して、誰が本音で付き合おうと思うでしょうか。むしろ、見下げられるのがオチでしょう。

売れない理由は、まさにここなのです。

営業は、どんな性格だろうと関係ありません。素のままで接してくる人には、お客様も心を開いて迎えてくれます。真剣にお客様を思う気持ちは、しっかりとお客様にも伝わります。ですから、もう自分を変えようとか隠そうなどとせず、ごまかしのない姿で営業に行きましょう。これまでの自分の性格と格闘していた時間を、すべて営業という仕事に当ててみてください。必ず結果がついてくるはずです。

目指すのは、ただひとつ。**売れる営業マンになること**です。性格をどうこうすることではないのです。

どんな性格だろうと、どんなダメな部分を持っていようと、結果を出せばいいのです。そして、結果が出ると、まわりからの対応も自然に変わってくるようになります。すると、不思議なことが起こるのです。

◉あがり症が自然消滅する日

自分はあがり症だと認めて、まわりにも公言する。そして、自分の性格はそのままにして、とにかく仕事で結果を出すことに集中する。するとどうなるか？

いつの間にか、あがり症自体が消えてしまうのです。

もちろん、あがり症にも程度があるので絶対とは言い切れませんが、少なくとも私の場合は、きれいに消えてしまいました。

大勢の前での講演も、自己紹介をさせられても、急にスピーチを指名されたとしても、もうあがって頭が真っ白になることはありません。たとえ、何千人の前でしゃべるようなことになったとしても、おそらく大丈夫でしょう。

それでも、私は自分を「あがり症です」と言い続けます。それは本当のことであり、私の個性、そして武器だからです。

そしてこの言葉は、実は**あがらないための呪文**でもあるのです。

自分で、「私はあがりますよ」と言ってしまえば、本当にあがったとしても、相手からすると、「なるほどな」と思う程度ですみます。

何も言わずにいてあがってしまうと、相手に「ああ、この人あがっちゃってるよ。気の毒になあ」などと思われてしまいます。

私は、これこそがあがり症のからくりだと考えています。

見せたい自分と見られている自分とのギャップが大きいほど、身体のあがるメカニズムが作動します。

ということは、ギャップをなくしてしまえばいいのです。

最初から、自分を低く見せてしまうことで、それ以上低くなりにくくなるでしょう。

逆に、普通にしているだけで、イメージがアップすることになるのです。

「しゃべり下手って言ってたけど、案外普通にしゃべれるんだね！」

このように反応されたら、あがることはありません。

こうして、私のあがり症はなくなりました。

今度はあなたの番です。

勇気を出して、「私は、実はものすごいあがり症なんです」と言ってみましょう。

営業成績も、人とのコミュニケーションも、そしてあがり症克服も、みんなこのひと言で解決できるのです。

おわりに

私は、これまでに10冊以上の営業関連本を書いてきましたが、本書ほど「心」の部分にフォーカスしたものはありません。

「あがり症」というある特殊な体質の持ち主が、実際に営業をするに当たって、何が一番必要なのか？　それを考えたとき、答えは「テクニック」でも「ノウハウ」でもないと思ったのです。

これまで私は、セミナーやコンサルティングなどを通して、多くのあがり症営業マンたちと接してきました。なかには、「本当に、この人が営業としてやっていけるのか」と、心配になるほどの方もいました。

そんなみなさんに共通して言えることは、とても努力家で真面目だということです。売れる営業マンになるために、日夜勉強しています。それでも、成果が出せずに真剣に悩んでいます。

営業という仕事は、言わば人と人との付き合いで成り立つ職業です。しかも、うわべではなく、本音の部分での深い付き合いが要求されます。

ところが、あがり症や内向型をはじめとする、自分の性格にコンプレックスを抱えている人は、そもそもこの人付き合いが苦手です。どうしても、素の自分を隠してしまうため、人との間に壁ができてしまうからです。

そこで、多くの人はそれをカバーするために、まずはテクニックを身につけようとする傾向があります。

そんな彼（彼女）らに対して私が伝えていることは、小手先の技術ではありません。まさに、本書に書いているような、「心」の部分なのです。

「いかにあがり症を克服するか」ではなく、「いかにあがり症と付き合うか」――自分はあがり症であると認めること。あがり症は個性であること。それは、決して悪いことではないこと。そのうえで、まわりにも「自分はあがり症だ」と公言すること。

まずは、自らのまわりに張ってあるバリアを取り除かなければ、本当の意味での人付き合いはできないからです。

実際に、その壁を取り払うことで、売れる営業マンになって社内の記録を更新中の人や、苦手な上司に認められる存在になった人を、これまでたくさん見てきました。彼らの顔は、以前とは比べものにならないくらいイキイキとしています。

元々誠実な性格で、しかも努力をしてきている人たちなので、お客様との距離を縮めることができるだけで、すぐに結果が出はじめました。そのような例をたくさん見てきたからこそ、自信を持って言うことができます。「自己開示しなさい」と。

全身の力を抜いて、自然体でいられる開放感を味わっていただきたいのです。

「私は、ものすごいあがり症なんです」と、笑いながら言えるようになれたとき、あなたはいつの間にか売れる営業マンになっていることでしょう。

そうなる日を私も待っています。

ぜひ、そのための一歩を踏み出してください。

●プロフィール
渡瀬　謙（わたせ　けん）
サイレントセールストレーナー・有限会社ピクトワークス代表取締役
1962年生まれ。神奈川県出身。小さい頃から極度のあがり症で、小中高校生時代もクラスで一番無口な性格。とくに小学校の通信簿には、いつも「もっと積極的に」と書かれていた。明治大学卒後、一部上場の精密機器メーカーに入社。その後、（株）リクルートに転職。社内でも異色な無口な営業スタイルで、入社10ヶ月目で営業達成率全国トップになる。94年に有限会社ピクトワークスを設立。広告や雑誌制作などを中心にクリエイティブ全般に携わる。その後、事業を営業マン教育の分野にシフト。内向型で売れずに悩む営業マンの育成を専門に、「サイレントセールストレーナー」として、セミナーや講演などを行なって現在に至る。
主な著書として、『たった5秒のあいさつでお客様をザクザク集める法』（同文舘出版）、『内向型営業マンの売り方にはコツがある』（大和出版）、『「しゃべらない営業」の技術』（PHP研究所）、『相手が思わず本音をしゃべり出す「3つの質問」』（日本経済新聞出版）、また新人教育のためのビジネス小説『新入社員ヒロと謎の育成メールの12ヵ月』（集英社）など多数

◎ホームページ　http://www.pictworks.com
トップページ上部の無料メールマガジンにご登録いただくと、毎週、営業に関するヒントやセミナーなどの情報を送らせていただきます）
◎ブログ　http://ameblo.jp/silent-sales
◎メールアドレス　watase@pictworks.com

「あがり症営業マン」がラクに売るための6つの習慣

平成24年2月15日　初版発行

著　　者 ――― 渡瀬　謙
発 行 者 ――― 中島治久
発 行 所 ――― 同文舘出版株式会社
東京都千代田区神田神保町1-41　〒101-0051
営業03（3294）1801　編集03（3294）1802
振替001000-8-42935　http://www.dobunkan.co.jp

印刷／製本：萩原印刷
ISBN978-4-495-59721-4
Printed in Japan 2012